里程碑
文库
THE
LANDMARK
LIBRARY

人类文明的高光时刻
跨越时空的探索之旅

[英] 弗朗西斯 · 普莱尔 ▸ 著
陈诗悦 ▸ 译

THE STORY OF A SACRED LANDSCAPE
BY FRANCIS PRYOR

STONEHENGE
巨石阵

神秘的史前遗迹与考古迷思

YSP 北京燕山出版社
BEIJING YANSHAN PRESS

巨石阵：
神秘的史前遗迹与考古迷思

[英] 弗朗西斯·普莱尔 著
陈诗悦 译

图书在版编目（CIP）数据

巨石阵：神秘的史前遗迹与考古迷思 /（英）弗朗西斯·普莱尔著；陈诗悦译. -- 北京：北京燕山出版社，2020.12

（里程碑文库）

书名原文：Stonehenge: The Story of a Sacred Landscape

ISBN 978-7-5402-5821-4

Ⅰ.①巨… Ⅱ.①弗… ②陈… Ⅲ.①史前文化－文化遗址－考古－研究－英国 Ⅳ.①K885.618

中国版本图书馆CIP数据核字(2020)第195102号

Stonehenge

by Francis Pryor

选题策划	联合天际	特约编辑	罗雪莹
版权统筹	李晓苏	版权运营	郝 佳
编辑统筹	李鹏程 边建强	营销统筹	绳 珺 王雅斓
视觉统筹	艾 藤	美术编辑	程 阁

里程碑文库 THE LANDMARK LIBRARY

责任编辑	王月佳
出 版	北京燕山出版社有限公司
社 址	北京市丰台区东铁匠营苇子坑 138 号嘉城商务中心 C 座
邮 编	100079
电话传真	86-10-65240430（总编室）
发 行	未读（天津）文化传媒有限公司
印 刷	小森印刷（北京）有限公司
开 本	889 毫米 ×1194 毫米 1/32
字 数	140 千字
印 张	6.25 印张
版 次	2020 年 12 月第 1 版
印 次	2020 年 12 月第 1 次印刷
书 号	ISBN 978-7-5402-5821-4
定 价	68.00 元

关注未读好书

未读 CLUB
会员服务平台

本书若有质量问题，请与本公司图书销售中心联系调换
电话：(010) 5243 5752

献给杰弗里·温莱特，
他对巨石阵富有开创性的研究
鼓舞了两代人。

目 录

* * * * * * *

序言

巨石阵缘何重要

巨石阵是一座了不起的史前遗迹，其体量巨大的成形石块和特有的楣石能够迅速吸引人们的目光，让人久久挪不开视线。在它建造的年代，不列颠和欧洲北部的史前社会*正处于其发展史上极其重要的阶段。类似巨石阵这样的遗迹在公元前3000年左右为当地社群提供了稳定的基础，使不列颠从一个发展中的社会逐步成为地域特征更加鲜明的成熟社会。这个时期，农业经过改良后变得更为集约化，不但促进了人口的增长，还带动了包括道路、小径、溪水、河流、农田和聚落在内的一套复杂的基础建设，形成了愈加完善的地理面貌。

在本书中，我将说明巨石阵如何成为当时迅速发展的社会和思想体系的一部分。尽管巨石阵结构复杂，十分特别，但它并非独一无二。我们不要忘了，不列颠人本就有用石料和木材制作纪念性遗迹的久远历史，而巨石阵也是这一广阔而深远的传统的组成部分。今天人们在面对一座中世纪的大教堂时，既会肃然起敬，也能理解其意义，而新石器时代和青铜时代的人们在面对巨石阵时也是如此。只是随着时间的推移，人们对其建造目的和作用的理解逐渐湮没，它才被附加了一圈神秘而魔幻的光环——即便是近期不断深入的发掘研究也很难将这光环去除。

关于巨石阵的书有很多，大都提供了新的信息，提出了独到的见解。近期就有好几个项目对巨石阵进行了深入的研究，且均

---

* 我使用“史前”这个词来描述公元43年罗马帝国入侵以前位于不列颠的人、地区以及事件。（本书除单独注明外，均为原注。）

有重要发现。[1]在本书中，我将着重关注巨石阵河岸项目，该项目的组织者是伦敦大学学院的迈克·帕克·皮尔森，参与其中的是来自伯恩茅斯、曼彻斯特以及南安普敦这几所大学的同僚。这个团队根据地球物理学方面的知识，运用雷达和其他脉冲来“观测”地表之下的情况。另外，由英格兰遗产委员会组织的几支勘探队以及巨石阵隐秘景观项目均有令人瞩目的发现。

我会尽我所能将这些最新的研究纳入本书，但读者可能会问，在这一堆成果丰硕的研究之中，你又能带来什么呢？我承认自己对不列颠史前社会的研究经验大都集中在英格兰东部的低洼沼泽地带，那里的地貌与索尔兹伯里平原或马尔伯勒丘陵截然不同。我发掘过一些史前的木石圈，但都是木质而非石质的，也无法与巨石阵匹敌。不过，这些发现通常都伴随着更大型的、被我们称为“仪式性景观”（见第二章）的特征，这一点与索尔兹伯里平原的情况十分近似。

我想自己最为相关的经历大概就是一次对堤道围场的发掘了。1982年到1987年，考古人员对埃顿进行了非常细致的发掘，至今它仍是英国境内已知的同类遗迹中保存最完好的一处（这一点将在本书第二章和附录2中详细展开）。堤道围场比巨石阵这类遗迹要早上几百年，是史前欧洲最早的公共圣地和集会场所。早期社会的人们凝聚在一起，建造各式各样的坟冢、木石圈和其他仪式性场所，这种建造背后有着强大的动力，而堤道围场可以为此提供线索。这些场所成为基本的组成部分，此后其自身及周围不断发展，慢慢形成了仪式性景观。随着本书的深入，我们将会看到巨石阵正处在整个不列颠面积最大，可能也最为复杂的仪式性景观的中心。[2]

每一位考古学家都有自己切入主题的角度，我会尽量不让自己对巨石阵起源的兴趣过度影响本书的内容，但同时我也觉得关于这座卓然的遗迹，自己有义务向读者提供不一样的视角。现有的理论认为巨石阵起源于公元前2900年左右一次单一的事件，我认为这种想法失之偏颇，并且忽视了人们所知的关于史前几千年的历史，因此，我提出了存在一个至少四百年长的“形成期”的观点（见第三章和附录2）。这一时间段同现在可得的放射性碳测年结果相吻合，但我更愿意大胆地猜测，未来的研究将会证明巨石阵的形成时间远不止于此。

弗朗西斯·普莱尔

2015年12月21日

中世纪早期表现巨石阵建造过程的作品。

* * * * * *

导言

宗教、地貌、变革

巨石阵诞生于剧变的时代，时至今日，这些变化仍对欧洲人的生活方式有着深刻的影响。巨石阵的建造绝非偶然，正是有了像它这样的圣地为社会稳定提供坚实保障，此后的史前社会才能接受并沿承重要的技术创新，其中就包括开始使用金属铜和青铜。

现在的人们将这一圈坐落于索尔兹伯里平原上，神秘又具有标志性的石头称为巨石阵，它历来都被认为是一处古代圣地或宗教场所。不过自远古至今风云变幻，如果认为史前时代的不列颠人与当代人对宗教的看法依然相同，那就不太准确了。[1]举个例子，我们现今习以为常的宗教多元化，对史前时代的人而言就不适用。如果认为史前时代的不列颠或者整个欧洲从未变化，或者演化缓慢，则又是大错特错。事实与之相反，现代研究表明不列颠在史前时代晚期的九千多年中不仅保持了近乎持续的人口增长，还经历了住房和农业生产的改善、村落的形成、道路交通的发展以及林地田地的扩张。到公元前2000年时，先进的海船已经可以频繁往返于英吉利海峡和北海南端之间，甚至可能每日通航。公元前最后几百年，更大的社群逐渐聚集，形成了类似城镇的聚落。

欧洲北部大陆的人类聚集最早可以追溯到一百万年前的旧石器时代，那里后来成了不列颠群岛。不过本书将聚焦在末次冰期之后的一万多年间，也就是自公元前一万年起。为了方便起见，考古学家将这一长段时间划为四个主要分期和一个相对短暂的过渡期（见附录1）：

中石器时代（公元前10000年—前4200年）

新石器时代（公元前4000年—前2500年）

不列颠铜器时代，也称铜石并用时代（公元前2500年—前2200年）

青铜时代（公元前2200年—前800年）

铁器时代（公元前800年—公元43年）

考古记录中有清晰的证据显示，每个分期都经历过一次重要变革。就拿中石器时代来说，那是史前不列颠人以狩猎－采集或是囤积自然资源的方式来获取食物的最后一个阶段，他们制造出了专用的矛、箭还有掘棒，以提高狩猎和采集效率。这些矛和箭尖端的刀刃小而锋利，由燧石制成，因此被称为“细石器”，这也是中石器时代的主要特征。与之形成对比的是紧接着的新石器时代。公元前4000年左右，不列颠南部沿岸出现了第一批以农业为生的人，这也成为这一分期的标志。发掘出的新石器时代箭头比中石器时代的更大，形状上也有一些差别。考古学家可以根据发掘出的燧石工具在形态与风格上的差异，对它们所处的时代进行区分。

史前时代的最后三个分期根据其主要的技术革新来划分：首先是铜的使用，随后是三个世纪后青铜（一种铜锡合金）的发明，最后是公元前800年后不久首批铁器的出现。不列颠铜器时代的特征在欧洲大陆也有显现，时代名称前加上了“不列颠”几个字，是由于不列颠的社会与宗教发展较为特别。这一点在巨石阵遗迹中就很明显。

生活方式的巨变并没有使大量移民涌入。到公元前4000年左右，不列颠地区的狩猎者和采集者已经非常善于管理他们的猎物，以及保存榛子之类的自然食物。我们知道在公元前9000年左右，史前人类已经将狼驯化为犬，因此，末次冰期之后的狩猎者与公元前4000年左右的首批农业生产者并没有过于显著的差异，尽管人们曾一度这样认为。这也解释了公元前3800年左右，农业在整个不列颠地区直至苏格兰北部得到迅速传播和发展的原因。[2]

史前时代的最后三个分期以金属加工的变革来命名。这些技术可能随着新移民一同来到了不列颠，不过这一批移民在数量上要远小于之前的农业生产者。这样看来，考古分期事实上无法反映人类社会和社群在生活方式与地貌改造上的变化与断裂，正如我们将通过巨石阵了解到的，靠着共同的宗教和精神信仰，各个社群在适应新的技术和社会变革时仍能继续团结在一起。

不久之前仍有许多考古学家认为，公元前4000年左右从狩猎－采集转向农耕的过程无异于一场文化革命。多亏有巨石阵这样的遗迹，我们才能意识到这些生活方式的转变虽然具有重要意义，但其实早已被存在了五千多年的社会所采纳。人们可能想看到像巨石阵这样的纪念性遗迹被挪至别的地方，这种情况的确很常见，但有些时候，特别重要的纪念性遗迹竖立在很久以前就具有精神意义的位置。我们将随着本书进程看到，近期的研究清晰表明，不管是末次冰期之后（中石器时代）的狩猎者们，还是新石器时代及青铜时代早期从事农耕的人们，都认为巨石阵周围的地貌在情感和宗教意义上十分重要。换句话说，巨石阵这样的遗迹是精神与文化延续性的不朽象征。

史前时代的宗教概念与现代西方的有本质区别。今天，我们会将每天的时间划分为一段段的“区间”，个别夜以继日的人甚至有特定的“黄金时间”——通常是指周末几个小时的时间——来享受伴侣与孩子的陪伴。这与他们剩余的时间形成了鲜明的对比，因为在一周的其他时间，工作和娱乐被分割成了泾渭分明的两个世界。同样地，宗教也是如此，信教的人会在星期天去教堂做礼拜，还要带上家人一起。在现代西方世界，教堂已经被视作家庭稳固的象征，而这一点也是我们同远古时期的宗教活动之间最紧密的联系。

在现代西方世界，几乎已经没有人会在家中搭建或摆放祭坛，更不用说建造一个小教堂了，虔敬一点的信徒至多保留着睡前祷告的习惯。此中缘由自然是在现代西方社会，宗教已经不再是日常生活的组成部分。可能对于某些人来说，宗教在他们的生活中仍占有一席之地，但明显也只局限于特定的时间和地点。因此，许多人可能很难想象，现代生活中的工作、健身、通勤、消遣、娱乐、进餐、孩子的睡眠时间等我们头脑中习以为常的分类，在某个时代完全不存在。所有的活动都只是更大图景中的一部分。在史前社会，日常生活中的行为活动相对简单，只停留在功能性层面。尽管如此，人们还是保持着活跃的思维，创造出了丰富的精神世界和思想世界。这些构想出来的世界基于他们所观察到的现象与事实，因此绝不是只有神话和幻想。关于先祖的传说很有可能以真人为原型，从而将以家族为基础的大规模人群（如宗族、部落、酋邦）聚集在一起。

还有一些观察和想法帮助塑造了社会意识和精神身份这种正在快速发展的概念。比如月食，或是日月在一年中交替升落的自然现象，人们在仔细观察之后可以对其进行精确的预测。而包括巨石阵在内的许多史前遗迹都沿着夏至日出或冬至日落的方向建造，这就意味着它们很有可能被用来测量计算天体运动。近期的学术观点更倾向于不那么具体、较为常规的解释，即与天体运动相关的史前圣地是为了连接更广阔的自然世界。太阳的运行轨迹决定了白昼的长度与四季的变化，显然这两者对于采集者和农耕者来说都至关重要。

史前人类的时间概念也与现代人的不尽相同。今天我们将每个小时、每一天以及每周中发生的事情视作排布在一条单向链条上的独立事件。这种时间观本质上是线性的，有开始、中间以及结束。正如您手中的这本书是以时间线来排布，以展示在过去的几年、几个世纪甚至是几千年中世界是如何逐渐变化的一样（见附录1），我们将生活切分成小时、天、月和年，每一个部分都以一个数字代表。然而在远古时期以及还不那么遥远的过去，生活在乡村的人们将时间视作循环往复的过程，因此数字也就不那么重要了。尽管在世界的许多地方，纪年已经得到广泛认可，可是真正重要并规范了人们生活的是一年四季的更迭，这当然是一种循环往复的过程，同线性的时间观截然不同。事实上，史前时代后期许多住房的建造结构可以反映太阳在一天中的运行轨迹——这是另一种循环往复的过程。有时候祭坛会被摆放在前门对面，而前门则朝着向阳的方向。这种时间循环往复的认识不仅影响了当时人们的宗教观，也在更大的意义上塑造了他们自己的生活。它还解释了为什么包括巨石阵在内，许多史前时代的纪念性遗迹都以环形或圈形来建造。

宗教和有关精神世界的理念，统领着生活的方方面面，既让人们的环境变得有条理，也可能揭示了他们会在哪里度过死后的时光。正如同四季变换决定了农季忙闲，逝去的先祖也在人们划分地域时起到了重要的作用：家庭或村庄的不同分布，由墓群或是单个墓葬的位置来决定。因此，对生活在这片土地上的人们来说，死者在他们的日常生活中有着非常实际的作用。宗教同样是家庭生活的基础，其中蕴含的神秘性为先祖的传说增加了可信度。简而言之，共同的信仰支撑着从部落政治到家庭生活中细枝末节的方方面面。这些精神理念所提供的稳定性对社群中的每一个人来说都至关重要，这也解释了为什么像巨石阵这样的圣地建造精巧且耗力巨大。

然而，同现代宗教相比，前罗马时期的宗教还有一个细微的差别，这一点直到最近才被史前学者认同。关于巨石阵的现代研究始于20世纪初，人们很快就意识到这个谜团不可能轻而易举地被解开。如果地表之上的巨石以及沟渠和堤坝的细微留存看上去已经很复杂，那么掩藏于地表之下的那些就更甚了。随着时间的流逝，越来越多酷似巨石阵的宗教遗迹（比如不远处的埃夫伯里石圈）得到仔细的考察，人们逐渐意识到它们都拥有十分复杂的体系，[3]就好像这些伟大纪念性遗迹的建造者对于自己的成果永不餍足，于是用毕生精力对其进行不断的调整和改造一样。通过对近14000座中世纪教区教堂的研究，我们现在已经了解到，中世纪时，建筑师和建造工人会被召集，对英国这一持续久远的景观进行改建和扩张。可是它们从未像巨石阵或是埃夫伯里石圈这样，经历如此频繁而又全面的改建。

慢慢地，从奥克尼群岛到爱尔兰再到英格兰南部，考古学家在英国发现了越来越多新石器时代和青铜时代早期的宗教性遗迹及地貌。到20世纪七八十年代，史前学家开始认识到这些正在发掘的遗迹所展现出的远不只是远古时期对完美的追求，而是要复杂得多。他们还意识到，这些古代圣地同现代教堂截然不同，使用的规律也毫无相似之处。

在过去和现代，建造完成的基督教教堂会通过一场精心准备的宗教仪式获得其神圣性，在这之后它们才成为神殿，接受万众朝圣。换句话说，首先建筑完工，然后教堂被神圣化，最后“开张”。建造过程可能耗时长久，完工之后的建筑也会有所调整，可教堂一旦被认定为神殿后便很少会关张。没过多久史前学者便意识到，像巨石阵这样的史前神殿不是这样运作的。用来建造巨石阵的石头和沟渠本身并非古代礼拜的重点，相反，人们来这里是想体验并成为这一特殊景观中的一部分。将这些石头逐块逐块地垒造成今天这座世界闻名的纪念性遗迹，才是他们对这一片神圣又神秘的地貌及其象征意义表达敬意的方式。事实上，建造者和礼拜者很多时候可能就是同一批人，巨石的使用流程也许从来不是建造、完成、受礼、开放。换句话说，我们现在通过种种细节发现的这种永无止境的建造与再造，可能才是这座神殿真正的用途。人们来到巨石阵是为了留下个人或者族群的印迹，而达成这一心愿的方式是对其进行改建。在接下来的章节中我们会看到，有时候工程太过复杂，以至于需要十几个不同的群体一起参与劳作，而另一些时候，人们只是做一些微小的改变，比如用青铜斧头在石头上进行雕刻（见第七章）。

这么说来，巨石阵是否有“建成”的一天呢？答案是否定的，因为建成从来不是创造巨石阵的人们的初衷。不过我相信砂岩圈和马蹄形三石塔这些主要构建是成品，因为这些元素象征了这一神圣地标的存在本身，可以为其周围那些转瞬即逝的变化提供一个正式而稳定的背景。

在史前时代晚期，人们似乎更注重做事的过程而非最终的成果。如果说一个人的思维模式是循环往复，而非直抵终点，那么这种观念也就很合理了。今天的人们可能觉得自己虽然缺少了一些想象力，却更为理性了。对我们来说，客观、目标还有“靶心”就是一切。但我们理应保有向过去学习的谦卑之心，承认存在另一种体验生活的方式。当我们直视构成巨石阵景观的纪念性遗迹群时，见证的事实上是古人感知世界与真实的方式，这于我们来说何其幸焉，因此我们永远都不该轻视他们的想象力，以及这种想象力馈赠我们思考的维度、层面和无穷无尽的细节。这些巨石向我们述说了一个复杂的人性故事，而其中许多无疑会包含许多无果而终和前后矛盾的地方。因此，像“巨石阵是一台计算机”“巨石阵与太阳崇拜有关”“巨石阵由一位强大的领导者建造”等过于专断的解释都不仅是一种误解，也是对成千上万名参与创造这座非凡又不朽的纪念性遗迹的男男女女的一种亵渎。

若我们终究想要一探是怎样强大的动力让人们创造出了巨石阵，须得把时钟拨回到一万多年以前。只有这样我们才能明白，为什么索尔兹伯里平原的这个角落对于史前时代的人们来说如此特殊。接下来，我们就将进入那个十分遥远且环境时常恶劣的世界了：当时，末次冰期刚刚结束，不列颠群岛还未同欧洲大陆分开，一幕幕重头戏正要开场。

1

* * * * * *

末次冰期之后

（公元前 8000 年—前 4000 年）

人类在冰川时期最寒冷的时候离开了欧洲西北部，也就是后来的不列颠群岛。公元前一万年左右，那里的气候逐渐转暖，冰川也全部退却，却仍不足以让人们归来。直到公元前9600年左右，气温一下子上升了10摄氏度，这一情况才发生改变。这一显著变化发生的时间非常短，可能只经过了两三代人。[1]事实上，有科学证据表明，到公元前8000年时，气温比现在还要稍稍暖和一些。[2]

持续变暖的气候融化了极地和冰川，这与当下我们面临的情况一样。融化的冰川致使海平面上升，到了公元前8000年，北海逐渐形成了稳定的形态——除了英格兰东岸和南岸从约克郡到怀特岛的这段海岸线，不列颠和爱尔兰的海岸线基本定型成现在的样子。这些日趋平整的地貌与沿海平原相连，后者一直延伸到亨伯河口和泰晤士河口之间的北海。在如今北海南部的水面之下，有一片被称为“多格兰”（命名自多格滩）的低洼沼泽平原，平原上坐落着起伏和缓的小山脉。[3]公元前4000年左右，也就是第一批务农者到达不列颠的时候，不列颠已经同欧洲大陆分离了两千年左右，而多格兰也落到了一片浅海之下。

末次冰期之后，不列颠人的生活状况如何？传统观点认为他们过得很惨淡，只比使用燧石工具的“穴居人”（这种生活本身也还是个谜团）稍有进步。实际上，末次冰期之后的人类生活比过去以为的要富庶许多。我们现在知道，公元前9000年左右，不列颠群岛正迅速成形，而那段时间里返回的人数量巨大，远远超过20世纪五六十年代时的估计。之后发生了一件很重要的事。1969

年12月，人们在挪威的海岸线之外、位于埃科菲斯克的海床下发现了石油；同月晚些时候，距离阿伯丁东部217千米处的北海地区又发现了一处油田。这些发现引发了一次石油井喷，多家石油公司都运用三维地震勘探测量技术进行了集中的地理勘察。最初勘察所得的数据都属于商业机密，不过到了21世纪初，考古学家也得以共享这些信息。不同于地质学家，考古学家们对海床表层的分布表现出了浓厚的兴趣。

在对勘探数据进行研究后，考古学家们发现多格兰并不是一个条件恶劣、不适宜人类生存的沼泽地。[4]相反，这里为中石器时代的人们提供了丰富的自然资源，包括大量的鱼类、贝类和野禽。除此之外，还有大片芦苇可以用来盖屋顶，海拔更高的地方则有树林供人捕猎，树木也可用作燃料和木材。相较于地平线外模糊可见的不列颠贫瘠的高地，多格兰所拥有的茂盛平原和丰富的鱼类资源明显更有吸引力。不过随着时间流逝，海平面仍在无情上升，人们不得不去寻找新的陆地。

最初人们想要寻找的是与没入北海南部的平原十分相似的地貌。根据目前的发现，人类最早登陆并聚集的地点是斯塔卡，位于现已干涸的福里克斯敦冰川湖附近。这里是一片低洼地，有的地方还有泥泞的沼泽，就在约克郡东北部，斯卡伯勒南部距海岸线6千米左右处。这片区域在“二战”后不久被初次发掘，当时人们认为这里是一处保存完好的临时狩猎营地，因为挖出了几个由赤鹿头骨做成的鹿角装饰，还上了全国新闻。然而，我们现在知道它的作用远不止于此。事实上，这里比任何地方都更能反映出末次冰期之后不列颠人的生活方式。最近的发掘揭示出这里其实是一个长期聚落，其中还包括迄今为止发现的不列颠最早的房屋遗迹。这座房子可以追溯到公元前9000年前，是一座稳固的椭圆结构，短半径4米，有20厘米左右较浅的下沉地面，也基本呈椭圆形，与房屋结构的中心相同，但是短半径略短（约3米）。房子的地面由芦苇、树皮和柴枝组成，房内还有一个明显的中央炉灶。墙体由插进地下的几根壁柱支撑，这些支撑柱留下的圆形小坑在沙地底土上印出清晰的暗色污点，留存至今。不过人们之所以能够完全肯定这里是一处房屋，是因为发现了密集的燧石工具和骨头碎片，这些碎片沿着很有可能是用芦苇茅草盖起来的屋顶边缘排布（大众更熟悉的现代英国茅草房，要等到大约5000年以后农业起源时才出现）。

人们很难想象斯塔卡聚落这样的早期遗迹竟然能有如此体量，占地面积达到两万平方米左右。[5]现在人们推测那里曾持续存在着10到30座房屋。大体上，这是一个拥有200到400人口的小村庄。留存至今的一些环境特征还显示，在两个不同的阶段，曾有人类全年在此定居。第一个阶段大约持续了80年，然后间歇了100年左右，接着第二个也是最后一个阶段持续了150年。通过持续的研究，人们在福里克斯敦湖附近还发现了其他的聚落。我们只能通过有限的信息做出推测，不过在此阶段福里克斯敦湖周围应该有一千多人。而在约克郡东北部的低洼地区及其周围区域，这个数目翻上10到15倍也很有可能。因此我们有理由相信，不列颠其他近似区域也能达到这样的人口数量。事实上，巨石阵边上的埃文河峡谷和泛滥平原就是这样一片区域。

考古学家很早就意识到，若不把巨石阵置于一个更为广阔的地貌中进行分析，我们就永远无法理解它被建造的原因，因为这一闻名于世的遗迹并非茕茕孑立，而是被成百座史前遗迹所围绕。其中有许多能从空中清晰看到，在地表更是如此。现在的游客如果从游客中心搭乘公交车前往巨石阵，沿途就能看到一部分史前遗迹。若是选择从游客中心朝着任意方向步行几百米，任何人都能轻松找到一两座这样的遗迹。不过也有很多遗迹并非肉眼可见，因为它们被百年来堆积的尘土所掩埋，深藏于地下。要让这些“隐形”的纪念性遗迹重现天日，最好的办法莫过于采用现代的地球物理探测技术，例如探地雷达和航空测量。巨石阵景观很早就被视作特殊区域，发掘所得的两条重要线索可以证实这一点。第一条线索出自现代施工之前的发掘，而第二条则出自一个研究项目中的发掘。二者均非有意为之，因此发现的结果大大超出人们所料。

1966年，为了满足日益增长的游客数量，巨石阵景点的停车场进行了扩建。班车在这里等候返程的游客，将他们送回游客中心。从游客中心到巨石阵的这条线路，早先是一条从老埃姆斯伯里通往什鲁顿的公路，编号A344。这条公路停用后，成了2013年12月对公众开放的新游客中心的组成部分。由于和巨石阵毗邻，停车场的扩建区域由两位经验丰富的考古学家以最高标准实施了发掘。[6]他们发现了四个疑似灰坑，排成一排指向正东—西方向，延展开来达到35米长。刚刚被发掘出来的时候，它们看上去就像是一排小石柱的基座，类似邻近遗迹中的蓝砂岩（见第四章）。不过在发掘完成后，人们发现此处的灰坑有其特殊之处：位于最西边的坑由一棵树的树根留下，而东侧的三个灰坑都曾被插入直径约75厘米粗的柱子，相当于现代的一根大号电线杆。人们以为这种柱子由坚硬而不易腐烂的橡树制成，可是经过实验室检测，残留的木炭被证实源于松树。研究人员稍后还对在灰坑底部发现的松炭进行了放射性碳测年。

所有人都以为在停车场的发现与A344公路另一端的巨石*是同时代的产物，然而事实并非如此，灰坑的年代几乎要比巨石阵的久远一倍，大约可以追溯到公元前8000年—前7000年。据说正是因为测定到了这个年代区间，人们才认为那三根巨大的柱子绝不可能同时出现。不过我们现在意识到，一部分松炭可能来自一棵正在生长的树正中间的部分，而另一部分可能来自树木刚刚倒下时形成的树皮下面，两者之间差了大概几百年的光景。值得注意的是，早期的放射性碳测年也解释了选用松树的原因，即在公元前8000年，末次冰期的冰川退去之后，橡树还没有重新在不列颠南部生长起来。

* 为了避免不必要的重复，本书中“巨石”和“巨石阵”相互替换。

今天人们已经广泛接受了“在停车场发现的柱子属于中石器时代早期”这一观点，尽管一部分柱子可能经历过替换或更新。其规整的成排分布加上放射性碳测年结果，足以证明它是一处相当早的人工建造物。1988年，人们在停车场进一步扩建时展开发掘，并发现了另一个灰坑，这个发现不仅没有削减，还进一步加深了这里是一处精心规划的建造物的猜想。新发现的灰坑大约位于树坑和三个柱洞东侧100米处，相较原来的东－西向排列向南偏离了20米左右。这个灰坑很可能也被用来支撑一根大柱子，但不久之后又被重新挖掘过。考古学家提取了底部的一大片松炭，用以进行放射性碳测年，结果可以追溯到公元前8090年—前7690年*。也就是说，这个灰坑和之前发掘的灰坑是同时代的，因此我们有理由相信，一定还有更多的早期灰坑正等待着被发现。

那么，在公元前8000年左右，巨石阵所在地发生过什么呢？恐怕即便是知识最为渊博的考古学家也不知道该如何解释这排灰坑：也许这些松柱属于一个大型的防御工程？这个想法很快就被推翻了，因为这里地域平整，只有深基坑或是陡岸一样的土方工程才能起到防御作用，仅仅依靠大面积分布的柱子远远不够。

这排灰坑有没有可能是建筑部件呢？虽然现在还没有找到斯塔卡地区早期房屋的遗迹，但人们已经发现了不少中石器时代的房屋，所以考古学家知道房屋大概的形状和尺寸，它们应该比这

* 放射性碳测年无法做到完全精准，只能限制到一个年代范围。样本量越小或越不可靠，这个范围就越大。考虑到这份样本年代久远，结果控制在这个范围内已经相当精确了。

些松柱小得多。[7]因此，考古学家坚信在停车场发现的柱子不具备任何实际用途。从现代视角来看，这种缺乏实用功能的特点只能指向一种可能的解释，即“仪式性”，这是史前学者用来形容任何与宗教、思想和信仰等“非功利”领域相关的一个术语。

在超过40年的时间里，这些巨大的松柱都是巨石阵历史研究中难以破解的尴尬存在，不过在2008年发生了一件很重要的事，改变了这一状况。要解释清楚这件事，我需要先介绍一下巨石阵河岸项目。

21世纪初，对巨石阵及其周边景观的研究进入一段繁荣期。许多新技术被投入使用，例如针对古代地下特征的地球物理探测技术、对于石块的精细电子扫描技术以及定点发掘技术等。鉴于巨石阵在20世纪已经得到了充分的发掘，任何对于地表的进一步干扰都要受到严格限制，保证地下的遗存不受侵扰，以便未来继续研究。[8]巨石阵河岸项目采用了多种不同方式，尝试解决一系列已经被清晰界定的问题。[9]这些方法谨遵业内的标准，但也具有一定的灵活性。正是这种开放的姿态令迈克·帕克·皮尔森教授和他的团队取得了重要发现，从而改变了我们对这个独特遗迹的年代及作用的理解。巨石阵河岸项目始于2003年，一直持续到2009年的最后一个发掘季，共7年之久。

在史前时代后期，通往巨石阵的路被称为大道，两侧均有平行的堤岸和沟渠。今天堤岸和沟渠的痕迹都不是很深了，但还是能从表面清晰地看到，从空中看就更加明显。这条通往巨石阵的大道呈东北—西南方向。现代游客一般自西北方向进入巨石阵，因此除非他们环绕巨石阵一周，否则不会有机会见到这个原始入口。大道在巨石阵500米开外有一个被称为“肘”的地方，在那里，原本笔直的道路突然朝南打了一个弯，通向埃文河。这条蜿蜒的大道告诉我们两件事：第一，东北向的入口很重要；第二，埃文河在古代仪式中也起到了关键的作用。我将会在本书第四章、第五章中继续探讨这些话题，现在我们只需要知道：不论是大道的最后500米通路，还是组成巨石阵的石头本身，都呈东北—西南方向。这个方向恰好与一年中白昼最长那天（夏至）的日出方向，以及白昼最短那天（冬至）的日落方向相吻合。

要减少考古活动对珍贵的古代沉积的影响，有一种方式是重新挖开过去发掘过的探沟。2008年，巨石阵河岸项目的成员重新发掘了一条在20世纪60年代首次开挖的探沟。它穿过了大道，距离巨石阵主入口之外的脚跟石（游客绕着巨石阵走完一圈便能近距离看到）只有30米远。早期的挖掘发现，探沟底部的白垩地层上有一些细密而平行的垄，将其隔断开来。这些垄乍看上去很像犁耕的印迹或是车辙印，不过重新发掘后，考古学家否定了这种猜测，因为这些垄太深（50厘米）也太宽（30厘米）了，可能只是用来引导游客或朝圣者的临时木栅栏留下的痕迹。

项目组里的两位土壤学家经过仔细研究后，断定这些垄是在冰川融化后经自然腐蚀而成。这样的细槽在白垩质的土壤中很常见，不过由于周边环境改变，大量的水冰冻又融化，这些垄相较普通的而言要深得多。换句话说，这些放大版的冲沟是一种当地特有的现象。还有一点值得注意：通常来说，底土中的特征很难从表面上获知，可是两位土壤学家都认为，末次冰期之后，这些冲沟的体量之大使它们变得很显眼，因为使现代人无法看清它们的表层厚土在当时还没有积聚起来。也就是说，在巨柱还竖立于停车场区域的年代，这些冲沟和垄应该是当地相当显著的地貌特征。

这次发掘还证明，界定了未来东北朝向大道位置的沟渠和堤岸，完全由一条自然侵蚀形成的冲沟造成，[10]而这条冲沟恰巧沿着夏至日出与冬至日落的方向。事实上，这一自然特征和大道的朝向基本重合绝非偶然。另一个我们可以确定的结论是，两个至日的日出和日落方向，对于中石器时代早期的捕猎者以及五千多年后大道的建造者来说一定十分重要。现在人们明白了史前人类在如今的停车场区域竖起巨柱的原因。但这些自然形成的冲沟是他们来到这片区域的唯一原因吗？

人们曾相信，在农业起源前的5000年时间里，史前人类的生活漂泊不定且相对穷困。可是对斯塔卡这类遗迹的发掘却揭示出事实并非如此。人们还曾认为，过去埋藏死者时并不伴随着仪式，而这一点也已经被证明并不属实。事实上，英国已知的第一座中石器时代墓葬位于萨默塞特郡的格雷莱克遗迹处，距今相当久远，可以追溯到公元前8500年—前8200年。[11]

近期的研究认为，中石器时代巨石阵所在区域的人口数量要比原来预想的大很多。巨石阵河岸项目的研究团队在调查一条被称为“巨石阵栅栏”的沟渠和堤岸时，发现“栅栏”的年代要比巨石阵本身更晚。将“栅栏”的表层土移除后，团队发现了大量具有中石器时代早期特点的刃型长燧石工具，明显由邻近聚落的居民遗留下来。[12]这一发现对我们的讲述来说至关重要，因为这些碎片位于停车场巨柱往南400米处。不过，在“巨石阵栅栏”的土层及其周围发现的这些中石器燧石并不在其原本的位置。正如索尔兹伯里平原上的许多现代景观一样，这些燧石原本的位置已经因为农业生产和后来的其他人类活动受到了扰动，我们很难更加精准地对其定位。那么这里究竟是不是立起松柱的人们居住的地方呢？

简单的问题往往需要直白的解答，可生活总是很复杂，尤其是在巨石阵的问题上，因为新的发现总是以惊人的速度不断出现。最近，一个规模较小的研究团队在巨石阵东部2千米处的勃列克米得发现了一处引人注目的全新遗迹。勃列克米得靠近埃文河，位于一片低洼地带，就在一处被称为维斯帕西亚营地的铁器时代圈地之外，不过这处遗迹与营地的位置纯属巧合，因为它所处的年代比营地早7000年左右。[13]

由大卫·雅克领衔的团队想要找到一处保存状况良好的遗迹，经过仔细筛选后，勃列克米得进入了他们的视野。这是一汪泉水，流经草地，且靠近埃文河。维斯帕西亚营地在18世纪的景观改造中遭到了大幅破坏。现代的房屋建造对其他区域也造成了影响，不过遗迹所处的这片洪水频发的低洼地似乎逃过了一劫。这一点在2005年第一季的发掘过程中得到证实，之后获得的信息变得愈加丰富和复杂。简而言之，勃列克米得遗迹的沉积中有许多中石器时代聚落的遗存，它们在这个巨大的淡水泉边堆积起来。可是与“巨石阵栅栏”附近发掘出的物件不同，这些遗存仍旧处于最初的位置。成千上万的燧石碎片占据了沉积的很大一部分，除此之外还有大量动物骨骼，从骨骼上清晰的切痕和屠杀留下的划痕来看，它们应该属于食物残羹。

在勃列克米得的沉积中，有着迄今为止不列颠中石器时代遗迹中发现数量最多的野牛（又被称作原牛）骨骼。这种巨型动物的体形几乎是家牛的两倍，很难捕猎，但有大量证据表明它们曾遭到大规模捕杀，并被人类食用。赤鹿和野猪也是被捕猎的对象，还有迹象显示人们会在附近的河流中抓捕鲑鱼。我们很难精准还原当时的状况，但这些证据都证明泉边通常是聚会宴饮的场所。我们将在下一章节中讨论泉水在史前人类的精神生活中起到的作用，不过勃列克米得泉水附近的土质还有一种不寻常的特点——可以为燧石和其他物质染上一种永久性的“鲜艳品红色”，[14]这对当时的人们来说一定很不可思议。

勃列克米得被称作“永续之地”，因为不论是久居还是暂住，人们总会频繁回到这里。我们对此相当确信，因为研究团队从一些未遭受扰动的沉积中提取出样品，并对其进行放射性碳测年，结果显示这个遗迹在公元前7593年—前7569年这一时间段之后的

3000年间反复有人类居住的痕迹。最近的一次测年记录是公元前4798年—前4722年，[15]这也是目前不列颠中石器时代遗迹中历时最久的一次人类居住记录。测年结果还显示，在停车场巨柱被竖立起来的时候，泉水附近的区域同样有人类居住。环境样品证实，从勃列克米得到西边1.8千米外的巨型松柱，两者之间的地貌十分开阔，基本没有树木生长。同河谷本身一样，这是捕猎体形较大野兽的绝佳场所。大卫·雅克提出，史前人类可能会用松柱将受到驱赶的野牛引向东部的河流，因为相比于空旷干燥的陆地，那里较为泥泞的边缘地带会让捕杀这些动物变得更容易。迈克·帕克·皮尔森则认为，松柱的排布朝向远处清晰可见的灯塔山，这一安排并不出于实用目的，而是只有宗教意义。根据已有的材料，两种猜想都有可能成立。

勃列克米得最晚的测年记录，恰好处于农业起源之前的几个世纪。尽管这一记录距离新石器时代开始仍有七百年左右的间隔，但我们可以推测，从停车场立起巨柱到巨石阵开始建造的这段时间，巨石阵周围的地域一直有人类居住。这也说明这一地域的神圣性质，很可能已经成为史前人类信仰体系的重要组成部分，而且不仅局限于当地，不列颠南部的广阔区域可能也是如此。尽管大都只是猜测，但我们不应将这些信仰视为静态且一成不变的存在，正如他们建立的遗迹一样，这些信仰也会持续变化发展。

在下一章中，我们将讨论公元前4000年后，即农业在这个地区起源之后，这些复杂的宗教性和仪式性景观的演变过程。我们

巨石阵的航拍图。

不能忘记，这些看起来无比惊人的发展，其根源可以再往前追溯三千多年。现在人们很清楚，新石器时代和青铜时代的仪式性景观中可观察到的一部分复杂元素，根源其实在中石器时代，但它们之间也有很大的差异。中石器时代以狩猎－采集为生活方式的人类，十分敬畏像勃列克米得泉水或是大道下的底土冲沟这样的自然特征，他们不会以任何方式来改善这些自然景观，可能是因为他们觉得没有必要，也可能是出于恭敬（松柱显然是一个例外，这也显示出它在这个区域的独特地位）。然而，这一切都将随着公元前4000年后的农业起源发生改变。到那时，拥有了人力、技术和信心的人类会在自然地貌上留下更多永久的印迹，其中就包括沟渠、坟冢、堤岸还有后来的立石，而且这一进程将以超乎寻常的速度和广度展开。好戏才正要开场。

2

* * * * * *

巨石阵的“仪式性景观”

（公元前4000年—前1500年）

农耕的出现及其迅速传播对不列颠社会具有深远的影响。在两三个世纪的时间里，这些社群不断建造坟冢和纪念性遗迹，不同的群体因此相聚到一起。随着时间推移，农田和更大的聚落开始形成，不过他们无意在地貌上留下持久的痕迹，因此考古学家很难探测。

考古学家和古文物研究者很早就意识到，史前坟冢和纪念性遗迹很少单独出现。我还清晰地记得自己曾参与发掘一个颇为怪异的遗迹，位于诺福克郡海滨霍姆的海滩上，被称作海上木阵。[1]其中有一棵倒置的橡树，树根就像树枝一样伸展开来，四周则被巨大的橡树柱围成一圈。不过这个圣地的体量很小，直径不过6米长，一个巨石阵里大概装得下几十个这样的木阵。有意思的是，这个将橡树围住的小小木阵有一条故意做得很窄的通道，面朝西南，同样在两个至日的排布线上，不过这次却是朝着冬至日落的方向。[2]最令人惊奇的是，根据树的年轮，海上木阵可以被精确定年在公元前2049年的4月至6月间。在它刚刚被发掘的时候，所有人都以为这是远在北海海滩低潮线上一处孤立的遗迹，可没几个月后，人们就在海滩的百米之外发现了另一个木阵。[3]这是一处坟冢，根据木材的测年结果，年代接近之前发掘的海上木阵。毫无疑问，以后潮汐还会向我们展露更多的遗迹。

史前宗教性遗迹和墓葬遗迹倾向于成群出现，英国的史前学者将这种现象命名为“仪式性景观”。正如我们在上一章中提到的，史前学者用“仪式性”这个词来形容所有与宗教、信仰和精神相关的概念。仪式性景观可能体量很小，这也是我对诺福克郡海滩的海上木阵群所做的预测，但它们也有可能十分庞大而复杂。巨石阵的仪式性景观就格外广阔，且包含许多较小的副景观，后者可以通过时间或遗迹类型等多种形式划分。现在人们可以使用带GIS（地理信息系统）的计算机绘制复杂的仪式性景观中的“可视域”，即不同纪念性遗迹彼此的可见性信息。[4]这种方法在研究地势起伏的景观（例如索尔兹伯里平原）时尤其有用。

巨石阵仪式性景观所处的地域有过一定程度的犁耕，但它并不像不列颠低地的其他地方那样，有过深入而密集的农业发展，因此得到了较为完善的保存。不过这里也绝非独一无二，在埃夫伯里村庄和埃夫伯里石圈朝南20千米以外，还有一片同样保存完好的巨型仪式性景观。这片重要的遗迹群中有整个欧洲史前时代最大的人造土墩——锡尔伯里丘。另外，以下三处地点均有大量保存完好的仪式性景观：奥克尼群岛的韦塞克斯外围，爱尔兰的博因河上，以及威尔士、康沃尔、英格兰南部和苏格兰的山地区域。[5]

20世纪上半叶航空测量技术的出现，揭示出在不列颠精耕细作的低地地区也有着数量惊人的仪式性景观。[6]比如位于泰晤士河谷的景观，体量足以比肩巨石阵。不过两者间有一个很大的差异，那就是低地的遗迹大都用的是木材。随着时间的推移，这些木料逐渐腐烂，之后的农民就可以用犁切入土冢和堤岸。如今留下的仅剩泥土中的一些印迹，只有像墓葬这样深埋在地底的遗迹，才得以完整保留下来。

不列颠的仪式性景观并非随意形成。其中的一部分，例如巨石阵周边的景观，可以追溯到非常古老的年代，而另外的似乎在公元前4000年农业起源后才出现；有一些甚至更晚，要到公元前2500年左右才逐渐成形。在已知的仪式性景观中，有很大比例都处在史前时代受人敬畏的特定地点附近，[7]包括瀑布、露出地面的岩层或是峭壁。但有一些更平缓的地貌特征也会吸引人们，比如河湖中的小岛，或是我们在勃列克米得看到的天然泉水。从巨石阵大道中我们已经得知，类似平行冲沟的细小特征也可能会受人敬畏。

通过巨石阵的冲沟，我们还能进一步得知这样的地貌特征被特殊看待的原因。我们知道人类往往会赋予地貌中那些壮观的景致以特殊意义，澳大利亚的艾尔斯岩（也称乌鲁鲁）就是很好的例子。当地土著十分敬畏这处圣地，对他们来说，这里不仅仅是一处仪式性圣地，还是塑造并继续规训他们生活的力量源泉。对于具有西方思维的人来说，同这些地方产生深远的共鸣是很难理解的。它们描绘并展示了人类在宇宙中的位置，象征了组成家庭生活和社会组织结构的方方面面，因此需要人们的敬畏和谦卑。日出和日落之时，它们就代表了时间的轨迹，也指向死后世界和祖先的所在。

在那些不那么壮观的自然地物中，泉水能够让人一窥地下的精神世界，因为水在很长时间里都被认为具有特殊的象征意义。在镜子还没有被发明之前，平静的水面能够反映出一个人真实的面貌，而且水能为人解渴，维持生命的存续。水还象征着纯真与洁净，世界上许多有受洗仪式的宗教都有在水中洗净的传统，但它同时也象征着淹溺带来的死亡。在近代科学诞生之前，这些神秘的地方使人得以聚焦于自己的精神和社会生活，其重要性不可小觑。它们的深刻内涵解释了为什么这些地方几千年来一直受到人们的敬畏，而其周围逐渐形成的复杂仪式性景观，也能够彰显当代宗教信仰中的许多方面和维度。

“仪式性景观”这个词，被用来形容那些拥有大量墓冢和纪念性遗迹的区域。而且单体的遗迹总是能够彼此呼应，换句话说，很少有后来的墓冢会盖在之前的墓冢之上，更常见的情况是，我们能够找到其背后存在更大的组织结构的证明，就好比墓冢往往会沿着山脊或山坡成行排列。它们是否同18、19世纪教堂院落里的墓地一样，是不同家庭或王朝最后的栖息之所呢？我们很快会看到仪式性景观中不同种类的遗迹形式，但必须注明的是，我们所知最早的古坟和纪念性遗迹出现于公元前3800年左右，也就是第一批新石器时代的农夫到来之后。在此之后，这些古坟和纪念性遗迹的数量在整个新石器时代以及青铜时代的前半段时间里不断增长，结构也愈加复杂，然而这种增长在公元前1500年左右突然就中断了。我们将会在第八章探讨这次迅速的没落。

多数史前学者认为，仪式性景观中的遗迹是为了将距离相对遥远的社群聚集在一起。今天的人们常常在人生中重要的仪式性时刻，诸如受洗、毕业、婚礼还有葬礼等场合与久违的朋友重逢，对于史前时代的人来说，由于社群之间的地理距离更加遥远，通勤也不像现在这样便捷，这种会面就显得更加重要。就像今天一样，史前时代的集会目的远不局限于人们受邀的名头，年轻人也许会在葬礼上碰见新的追求者，年长的人也可能会在婚礼或是受洗礼上决定由谁来继承家产，农民可以自由选择去各种场合进行活禽交易，甚至还有并非由家族或部落组织起来的集会。这些集会通常会在部落边界的纪念性遗迹处举办。在不列颠的低洼地区，仪式性景观常常位于主河流的泛滥平原。[8]河流通常是界定部落边界的标志，因此位于泛滥平原的选址会被视为中立，在低洼或是富饶地域周围的高地也是如此。索尔兹伯里平原可能就是这样的一个地方。

巨石阵在新石器时代究竟何用？人们原以为会在一座墓葬中发现端倪，事实上，如同近期关于巨石阵用途及其早期历史的许多新发现一样，第一个有用的证据是由进行研究的考古学家发现的。1980—1986年，朱利安·理查兹主持了巨石阵周边项目，以广泛调查（比如从地表收集燧石）为主，伴以定点发掘。他于1990年发表的报告奠定了对巨石阵及其周边环境的研究基础。[9]在科尼布里石圈发掘的第二个季度，团队在巨石阵大道向西约600米的地方发现了一个巨大的灰坑，就在巨石阵西北方向的几步之外。[10]这个灰坑曾被挖开，接着又重新填埋进食物残羹。这场盛宴规模惊人：至少有十头牛、七只狍子、一头赤鹿和一头猪被宰杀。这让我们不禁联想到在勃列克米得发现的早期庆典的证据。

在一场或多场盛宴之后，动物残骨被细心地埋进了灰坑，一起被埋的还有上百件新石器时代早期的陶器和燧石工具。研究人员对灰坑中出土的物质进行放射性碳测年，结果表明它们处于公元前3800年—前3700年。这段时间恰好弥补了勃列克米得最晚的测年记录和巨石阵在公元前3300年左右的形成期之间的空隙，我们将会在下一章中继续讨论形成期的问题。它还证明了在新石器时代伊始，索尔兹伯里平原的这片区域毫无疑问是被用作大规模仪式性场所的。更重要的是，在科尼布里发现的灰坑应该不是孤证。鉴于巨石阵仪式性景观有着成百座纪念性遗迹，我们可以大胆假设，还有更多这样规模和年代的灰坑等待着考古学家发掘。[11]

新石器时代最早的墓葬是公墓。埋葬死者的墓室可能由石板材、干石砌墙或木材制成。墓室之上还覆盖有一个长梯形的土堆，复制了新石器时代早期不列颠房屋的形状。构成土堆的泥土、泥炭和石头从两侧长度相等的沟渠开采而来。这些所谓的长坟大都从土墩某端的最高和最宽处通过一段较短的廊道进入。长坟较宽的一端通常有墙围住，还会用厚板铺成一个前院，作为丧葬仪式的举办地。尸体或是骸骨沿着廊道被送往合适的边室。公墓的建造和尸骨的运送很可能由同一家族的人员完成，但和现代葬礼不同的是，尸体不能在此长眠。大量证据显示死者的骸骨经常会被转移，最常见的就是被送往一些需要祖先在场的仪式。仪式结束后，骸骨往往也不会被送回原地，而是和其他人的骸骨混杂在一起。位于巨石阵北面32千米外的西肯尼特长冢就是在这之中保存最好的一处墓葬，也是埃夫伯里仪式性景观的一个组成部分。

整个巨石阵地区已知的长冢有15座，其中10座都在巨石阵仪式性景观的范围内，但还没有一座得到过集中的现代发掘。[12]科学家对采石用的沟渠提取了样品，进行放射性碳测年，结果显示那里的修建不早于公元前3600年，这比英格兰其他地区已知最早的长冢要晚两百年。

公元前3500年左右，这些公墓发生了转变。变化最初出现在长冢和少数圆冢中，不过到了大约公元前2400年以后（不列颠铜石并用时代），小体量的圆冢开始逐渐流行起来。这类遗迹没有明显的前院，只在中心有一个主要的埋葬地，通常还伴随着像燧石或是后来的铜或青铜小刀这样昂贵的随葬品。不过和早期的公墓不同，这时死者的尸体能够得到永久保存，有的被放置在棺材里，有的则放置在封闭的土冢或是碎石冢里。碎石冢在丘陵地区非常普遍，被称作堆石标。这种丧葬习俗的转变具有深远的意义，人们普遍认为这标志着部落社会中上层阶级的进一步分化，正式的阶级体系即将形成。

如果说墓葬是家庭或宗族的重心，那么其他类型的纪念性遗迹面向的就是更加广阔的人群。其中最久远的要数大约出现在公元前3800年—前3500年的“堤道围场”。这一命名虽无甚想象力，却很精准。此类遗迹通常由一条或多条沟渠构成一个不规则却或多或少呈椭圆或圆形的区域。沟渠长度不一，10到20米不等，每条之间由堤道相隔。沟渠的竖直堤岸形状不规则，但一般处在沟渠内侧，建造起来应该颇费劳力。

20世纪80年代中期，我有幸在埃顿一处保存特别完好的堤道围场进行发掘。这座遗迹位于靠近彼得伯勒西沼泽边缘的威兰峡谷，我会在附录2中更详细地对其进行介绍。[13]那里的沟渠被水浸泡过，保存下来一些木制品、树皮和其他有机物，其中就有不列颠迄今为止发现的最早的绳子（用亚麻制成）。进一步的发掘显示这条沟渠（于公元前3725年—前3670年开挖）在开挖后又被迅速填埋进了献祭用品，它们被整齐地成堆摆放在底部。[14]献祭品中包括人类头骨和倒置的壶具，壶具的圆形底部和头骨非常相似。祭品中还有肉骨头和狗的头骨，其中有一个倒置的壶具被放在一张桦木树皮垫上，有些地方的手推石磨在埋进去前还被故意弄碎。将这些现象整合在一起看，我们可以相对确定这些献祭品是盛宴之后的残羹，用来展示日常或家庭的生活。

我们还能很快得出这样一个结论，即放在每一段沟渠中的物品都代表了某个家庭的人物或事件。这个结论是否对不列颠境内所有的堤道围场都适用还很难确定，比如在西南部和康沃尔地区发现的堤道围场，似乎就在展示日常生活之外还很注重彰显财富。不过在这些特定的遗迹中，家庭、宗族和部落被置于首位，这种结构特征的确对仪式性景观之后的发展具有重要意义。前去巨石阵参观的游客一般还会去埃夫伯里，只需坐车向北前进一小段即可，在那里他们可以见到不列颠最有名的堤道围场——风车山。[15]

巨石阵景观中只有一座完整的堤道围场，就在巨石阵西北方向约6.5千米的地方，叫作罗宾汉球。[16]尽管并没有很多样品可以做放射性碳测年，但人们推测它建立于公元前3600年左右。[17]和埃顿地区的遗迹一样，这里的沟渠中也出土了盛宴后的残羹和关节脱落的人骨。人类骨骼的关节脱落也让我们联想到，尸骨通常会从临时长坟的墓室中被搬运出来，用于那些需要有祖先在场的仪式。也许堤道围场就是举办这些仪式的地点，并且如我们所料，常常伴有盛宴。

虽然我们在巨石阵地区只发现了一座真正意义上的堤道围场，但巨石阵最早形成的部分就是环绕着它的圆形沟渠，如今在修剪过的草地上仍能看到一些轻微的凹痕。我们会在第三章和附录2中讨论这条沟渠，不过和大多数当代的圆坟采矿沟不同，这条沟渠并非一次性挖掘而成。它的形状有一点不规则，内部还附有一条堤岸，这两样都是堤道围场的特征。

我们发现在公元前3500年左右，单体的中心墓葬一般位于长坟下方和圆坟的更下方，这些墓葬里埋葬的可能是很重要的人物。这个时间也出现了一些奇怪的纪念性遗迹，由两条平行的沟渠组成，从空中看去就像老式机场跑道。因为这些遗迹名叫卡萨斯（拉丁语里意为“跑道”），人们曾以为它们是特殊或神圣的比赛场所。这种遗迹的形制多样，共同点就是都有两条很长的平行沟渠，内有堤岸。迄今为止发现的最长的一条是位于克兰伯恩蔡斯的多塞特卡萨斯，有10千米长。巨石阵的大卡萨斯长2.8千米、宽150

米，在从游客中心到巨石阵的路上就可以清楚地看到。卡萨斯东端和一座当代长坟处于一条直线上，后者应该也属于遗迹群的一部分。大卡萨斯西端再往西北600米处，有一座体量小很多的小卡萨斯。[18]在巨石阵周围的景观中可以明显看到，就像后来的克兰伯恩蔡斯一样，青铜时代墓葬的位置明显尊重了两个卡萨斯的布局和方向，这也表明仪式性景观早期的特征会在新建筑的选址中继续起到一定的作用。

不过，在仪式性景观中最为人熟知的类型无疑是木石圈。木石圈命名自巨石阵，只在不列颠和爱尔兰有发现。它通常是一条圆形沟渠，外围伴有堤岸，有一条或多条入口，周围往往环绕着一圈立石或是大的木头。顺便说一句，如果严格按照这一标准，巨石阵和海上木阵都不是真正意义上的木石圈：巨石阵的堤岸在内侧，而海上木阵则根本没有沟渠。巨石阵只是和其他建造于公元前3200年—前2800年的木石圈被统一归入了“形成性木石圈”这个名号下，这些早期的木石圈通常都伴有墓葬，巨石阵也一样（见第三章）。

在大多数情况下，大型的木石圈会同仪式性景观中的其他遗迹排列在一起，或是以行进的方式相互关联。比如在埃顿，堤道围场就通过巨大的马克西卡萨斯同马克西石圈联系在了一起，而埃夫伯里石圈则可以通过西肯尼特和最近才发现的贝克汉普顿大道到达。[19]巨石阵景观的主中轴线似乎由后来的大道（见第五章）形成，正如我们之前已知的，这条大道的方向遵循着基岩之下两个至日朝向的细槽。今天，在每一个夏至日，大众和媒体都会将目光锁定在日出时阳光从东北方向落在巨石阵上的一幕。不过我们不该忘记，两个至日的排布会沿着直线通往西南方向，也就是冬至那天的日落方向。如果沿着这条线朝西南方向行进，我们很快就会发现一条大致呈东西走向的低垄，它形成了巨石阵盆地的南部地平线，或称可视域。这里大概就是巨石阵最佳的观测点，而且同样可以沿着两个至日的方向到达。

所有的仪式性景观都有大量青铜时代的圆坟，其中许多都可追溯到公元前2000年左右。它们等同于教堂院落里的墓地，不同的是一些附加的埋葬品会在之后的某个时间被放进这些土冢，也称为“二级墓”。我从未数过巨石阵周围墓葬的具体数目，不过在19世纪一二十年代，两位考古学家发掘了其中的二百多座！圆冢内的埋葬品之丰富，恰恰体现出巨石阵景观的重要性，这就又把我们带回到那个沿着巨石阵盆地南部边缘的最佳观测点了。

今天这条低垄叫作诺曼顿唐，包括一组沿着垄顶排列的隆起的墓葬。人们对其进行发掘时，在部分墓葬里发现了十分丰富的随葬品。这些墓葬可以追溯到仪式性景观的最后形成阶段，近期的研究揭示出墓主可能在那个时候承担着掌控巨石阵通路的重要作用。[20]我们会在本书第七章深入讨论这些墓葬。

考古学是一门通向过往的实践学科。它的力量就在于景观中的墓葬和岩石均能以全新的方式被解读。通过考古学家的知识和想象，沉寂的物件可以得到新生，而这正是这些年来巨石阵所经历的事情。在史前社会，成千上万的人年复一年地从不列颠甚至更远的地方赶来，他们对巨石阵及其仪式性景观的理解是怎样的呢？在接下来的几章里，我们将看到一个简单而生动的想法如何改变了这一问题的答案。如果这一理论正确，那么巨石阵和至今仍围绕在侧的仪式性景观就与一段从生到死的旅程有关。显然，没有什么比这更重要了。

3

* * * * * *

巨石之前Ⅰ：形成期

（自公元前3300年起）

公元前4000年左右，第一批务农者抵达不列颠，带来了一种相对稳定的生活方式。过去人们以为是大规模的入侵导致了从狩猎－采集到食物生产的转向，与此同时还伴随着人口的全面替换，可是最近DNA的检测结果显示，新移民和土著的人口比例大约在1 ： 3到1 ： 4之间。[1]这就解释了为什么早先中石器时代的神圣景观在新石器时代依然保持了其重要性。早期的圣殿此时正快速扩展其仪式性景观，不过若是将在这些圣殿中举行的仪式和典礼全都归功于早期的信仰，那可就大错特错了。我们已经知道了新石器时代是一个见证了社会、经济和智力快速发展的阶段，当时的人类正以全新的方式思考着他们的生活以及周边的环境。

在之前的几章里，我们看到巨石阵景观中最早的几座新石器时代遗迹都位于距离巨石阵较远的位置，当然这也是因为多数遗迹的发现都出于偶然。最早被发现的是科尼布里石圈附近的一个灰坑，约在公元前4000年到前3800年被挖掘。其他还包括一定数量的长坟、大卡萨斯和小卡萨斯，以及巨石阵北面的堤道围场，也就是罗宾汉球。

在巨石阵实际所在的区域最早发现的遗迹是一条闭合的圆形沟渠，两侧还各有断续的堤岸。今天这条沟渠几乎已经完全被填埋了，但人们还是能通过两条低低的堤岸留下的凹痕将其识别出来。这些地表痕迹只能隐约提示地表之下隐藏的秘密。我们还无法知晓这些沟渠确切的挖掘时间，不过可以推断这一工程大约开始于公元前3300年。整个挖掘过程可能持续了很长一段时间，始

巨石阵的卡萨斯坟。

于巨石阵刚刚开始建立之时，或称始于它的形成期，止于公元前2900年左右或更早。

沟渠的直径约118米，考古学家开挖后发现它深2米、宽4米，恰巧位于两个至日方向上由自然底土形成的垄这一中轴线上，尽管在那个时候，这条垄从表面看并不十分明显。

除了拥有断续的沟渠和堤岸之外，巨石阵沟渠和堤道围场沟渠的另一个共同点是它们都经历过反复的挖掘和填埋。这似乎是它们作为圣殿的用途之一，因为祭祀用的物品会被置入地下，然后再用泥土掩埋。在附录2中我还会提到，尽管相距几百年，但巨石阵的沟渠也以差不多的方式被挖开后再重新填埋过。在20世纪

20年代的发掘过程中，相关人员对沟渠中填埋的物品进行了拍摄，照片显示出的混杂层位也是埃顿的特有之处。[2]由泥土构成的层位并不多见，往往由沟渠两侧的泥土被冲刷进来而形成。如果说沟渠只是简单开挖后就被弃置，任其被淤泥充塞的话，会出现这种情况就很自然了。

还有证据显示一些献祭品遭到了破坏，而这条沟渠像灰坑一样极其不规则的形状也揭示出最初的挖掘是一个不断加深并扩大的过程，这都让我们想起了早先堤道围场的建造方式。不幸的是，这条沟渠可能存在的早期挖掘如今已经看不到痕迹，这是因为在20世纪20年代，由陆军中校威廉·霍利主持的大型发掘抹去了大约一半的痕迹。另外，第一阶段的史前人类（见第四章）对这条沟渠的最后一次重挖似乎也十分彻底，在主入口附近尤其如此，因此这次挖掘也让早期的挖掘痕迹不复存在，人们难以探知其最初的用途。基于以上这些原因，我们无法确定这条沟渠最早开挖的时间，但应该不会早于公元前3500年。综上所述，就手头的证据可知，沟渠环绕范围内的人类活动大约始于公元前3300年，因此当时这条沟渠肯定已经存在了，而它最早开挖的时间可能仍在此之前。

起初，沟渠本身可能就是仪式的重头戏，不过它围起来的区域也逐渐显示出其重要性。尽管这种观点还没有得到广泛认可，但巨石阵确实是新石器时代欧洲最大的火葬墓地之一，它拥有63座已知的火葬墓，据估计总数可能在150座左右，是迄今为止不列颠地区最大的火葬墓地。经过放射性碳测年，至少有三座火葬墓可以追溯到公元前3300年—前2900年（见附录2）。然而为火葬墓测年有一个问题，就是可能存在早先的火葬墓从别处运到巨石阵的情况。颇为奇怪的是，少数几座已知火葬墓的排布并没有呈现某种规律，不过这也是因为霍利在内侧挖掘探沟时没能记录下它们准确的位置。之后的研究表明，许多火葬墓都面朝南方的沟渠入口，而且位于沟渠内部的堤岸和奥布里洞附近。*最近重新发掘7号洞时，人们在它旁边发现了一处火葬墓，显然霍利在20世纪20年代遗漏了这里。这处火葬墓的放射性碳测年结果落在公元前3039年—前2900年。[3]

除了火葬墓，沟渠圈住的这片区域还有许多柱洞，但似乎没有呈现任何明显的圈状，无法判定是否属于后来的巨石阵。有些中心圈洞体量巨大，部分还隐约呈现长方形的排列形状。[4]根据柱洞可以看出，有一些柱子曾散乱地竖立在主入口处，可以分为四五行，其中两个柱子有意限制了主入口。[5]和用来支撑直立巨石的洞不同，这些柱洞的填土中没有发现任何打磨巨石留下的碎片，这也表明这些柱子应该早于巨石阵的使用年代。这些主入口附近的柱子还证明在其立起来的时候，沟渠应该已经存在了。中心柱洞中至少有一根较大的柱子在当时就已经完全腐坏，它的轮廓，或者说“阴魂”以一片污渍的形式残存在泥土中。[6]虽然不及停车

---

* 更多关于这些柱洞及其名字的信息，见本书第69页。

场区域的中石器时代松柱（见第一章），但这根柱子的体量依然不可小觑。

霍利在他的发掘中指出，这些柱子的排列呈现出一种颇为有趣的方式，他将其称为“通道”，并且相信柱子之上本来应该有屋顶——尽管这几乎不可能，因为两边的柱子并不成对。[7]显然“通道”沿着南侧的入口排列成行，体量和位置同埃顿地区入口处排列的木质通道十分相似。[8]在其他堤道围场也发现了石质或木质的入口结构，也许巨石阵的通道是早期传统的一种演变。

在已知的其他由大量柱洞所构成的遗迹或者结构中，我们已经获知了很多信息。显然其中许多都没有被早期的发掘记录在册，很多还在史前时代主要石头被竖立起来的时候遭到了破坏。柱洞的绝对数量以及其碎片模型的不断增长都在告诉我们，巨石阵的形成期相当长，可能持续了两三百年以上。

还有一种可能是在巨石阵发展的早期阶段，已经有几块石头被立了起来。人们在巨石阵的中心发现了石洞，其中一个恰好位于一圈柱洞的中心。从这些石洞的大小来看，它们很有可能被用来承接砂石块，后者自末次冰期时就处在附近的地表之上。那块巨大的、未成形的脚跟石（于17世纪得名）就坐落在主入口外面，可能同样在这个阶段就已经被竖立起来。

即便在其形成期，巨石阵也绝非无序或随意建造。它一开始的建造同时发生在沟渠之内及其圈起来的地方。尽管开挖沟渠很可能是以社群为单位的集体活动，但其具体大小和总体设计在开工前就已经得到了广泛认可。同样地，后续的再度开挖也只局限于沟渠及其外侧堤岸这一部分。而内部的火葬墓也不太可能随机分布，有证据表明多数火葬墓都靠近沟渠和其内侧的堤岸。这一发现意义重大，因为埃顿以及其他堤道围场的情况与此完全一致，也在单个沟渠附近布满了填有祭品的小灰坑。[9]如果按照最合理的猜测来分析，即这些堤道围场的小段沟渠由不同的家庭或家族群体掌控，那么这些填满了献祭品的灰坑应该代表了家族群体里各个成员生活中的重要事件。在约五百年后的巨石阵，这一传统得以延续，只是火葬墓被转移到了小灰坑内。我们也许永远都无法理解为什么有那么多柱子竖立在其内侧，不过南部入口的“通道”结构的确告诉我们，这些火葬墓的埋葬过程应该伴有某些仪式。

还有证据表明在最初的形成期，巨石阵及其当时的一些特性同样遵循了太阳和星象的排布规律，尽管不如后来的遗迹那么精确。[10]其中最著名的例子当然就是东北朝向的主入口。

总而言之，沟渠的挖掘、大型火葬墓的出现以及多种木柱结构的建造都表明，在有清楚的证据证明出现了更加连贯的石质结构之前，巨石阵就已经由一大群人共同使用，而且很可能延续了很长时间。就像几个世纪之前出现的堤道围场一样，它被不定期地投入使用，最可能在晚春或秋季的农闲时节。我们现在相信早期工程可能开始于公元前3300年左右，而沟渠的开挖可能还要更早一些。随后，在公元前3000年左右，巨石阵才开始转向更加集中化、更具有协调性的建造。原本独立的社群开始了更加紧密的合作，社会开始逐步融合，并在接下来的1500年里不断扩展其力量，而这一变化绝不仅仅发生在巨石阵。

仪式性景观中的巨型木石圈遍布整个不列颠岛，可是建造和改造这些新神殿的人们并不是在做无用功。他们馈赠我们的这些伟大遗迹令人叹为观止，但我们更应该认识到他们真正的成就是什么。正是这样从四面八方赶来共同建造和改建的活动让社群通力合作，不断巩固加强本地的联系，无形中也让基础设施的优化成为必然，还形成并加强了社会实践的关系网。从公元前3000年起，仅从陶器形制和遗迹样式来看，就有越来越多的证据表明各地发展出了愈加清晰的地域特征。[11] 自此，不论是巨石阵还是史前的不列颠社会都将不复以往。

4

* * * * * *

巨石之前Ⅱ：第一阶段

（自公元前3000年起）

在我们继续往下讲述之前，我觉得有必要进一步解释一下“巨石”这个名词。这是指构成巨石阵主要的直立体及其楣石的巨大灰色砂石块。这些石块被称作“砂岩漂砾”（这个词最初是指异教徒）*，大量出现在索尔兹伯里平原以及马尔伯勒丘陵的表面，里面含有一种一旦暴露在外就特别坚硬耐久的硅化砂岩（例如与二氧化硅结合）。在刚被采集出来时，这种石头呈粉红色，且更容易塑形。巨石阵处发现的最大砂岩漂砾大约重50吨，这些巨型石头不能与我们很快就会提到的蓝砂岩混淆，后者小很多（2~4吨重），得名于其刚被采集或开凿时的颜色，从威尔士被运到巨石阵。如今巨石阵的所有石头差不多都是同一种灰灰的颜色（蓝砂岩颜色可能要略深一些），尤其是从远处看的时候。

砂岩漂砾可以轻易从地表获得，这一点很好地解释了为什么巨石阵和埃夫伯里等地的巨石体量如此巨大。“巨石”（megalith）这个词最初出现在19世纪中期，从希腊语的“大”和“石头”两个词演化而来，过去还被用来描述巨石人、巨石文化或巨石时代。今天这个词已经用得不多了，因为搬运和塑造巨石的举动被视为一项需要当地不同社群合作完成的事情，其目的是建造永久的墓葬和纪念性遗迹。换句话说，这是对易于获得的资源的一种本土回应。当一个人开车穿越起伏的威尔特郡乡村时，他大概很难想象眼前种满大麦小麦的田地，曾经一度布满了冰川运动后遗留下

* “砂岩漂砾”这个词从“萨拉森人”演变而来，在中世纪指异教徒。

的大大小小的砂岩漂砾吧。

多数在地表的砂岩漂砾不是已经被农民清走了，就是被挪去建造城墙、谷仓和房屋了。不过还是有一些遗留在了过去曾是牧场的地方，另有一些则因为绵羊在严冬或是生产的时候会将这种石头作为庇护所而得以保留。这也解释了为什么本地人称它们为“灰色阉羊”。有一组保存特别完好的“灰色阉羊”，现在仍遗留在洛克瑞奇迪恩村庄周围的地表上，这个村庄在马尔伯勒附近。[1]

不管是在地表还是在采石场的浅沟里，当地的砂岩漂砾大都集中在马尔伯勒丘陵，它位于巨石阵向北大约32千米的埃夫伯里和克劳福德镇附近。[2]巨石阵河岸项目的成员找到了书面材料，证实在18世纪早期，克劳福德附近的道路上就有大块的砂岩漂砾，它们很可能是在取道马登（包括那里著名的石圈），然后沿着埃文河村庄西边被运往巨石阵的路上被弄丢的。[3]过去人们认为在史前时代巨石阵附近的地表上只有很少的砂岩漂砾，可是近期的研究在参考了第一版地形测量局的地图（发布于19世纪早期）后发现，尽管砂岩漂砾几乎已经全部消失了，还是有相当数量被标记出来。在巴尔福德的村庄和军营附近，巨石阵朝东大约步行一小时的距离，至少有一块石头已经半成形，而且应该曾是一块立石。[4]

我之前曾简单提到过，刚采集出来的砂岩要比在地表存在很久的砂岩更容易打磨，后者会变得异常坚硬，几乎无法凿开。正因如此，选择埃夫伯里附近的那些浅采石场应该是很明智的决定，因为那里的砂岩有一层泥土保护。这些砂岩在抵达巨石阵之后会被涂上最后一层敷料。通过密集散落的砂岩碎屑，我们可以得知巨石的打磨大都发生在主入口西侧，这也证明了石头是从北面运来，而非像有人猜想的那样沿着大道运过来。石头落地后会围绕着预先挖好的洞向外排开，并进行进一步打磨，随时准备竖立到相应的位置上。这也解释了为什么这些石头内面的涂层要比外面的涂层更细致，因为外面只有在石头被竖立起来后才能进行打磨。打磨用的工具是砂岩锤石，实验表明使用这种工具的最好方法是用波纹式手法不断打出小薄面，从而形成浅浅的平行波纹型细槽。这些细槽很容易就能看到，尤其是在低斜的日光下。游客们从环绕着巨石阵外围的步道上仍可以看到立石粗糙的外表面。我们会在下一章中谈到近几年对巨石阵表面进行激光扫描取得的新发现。

可能有人会猜测，巨石阵最初的石质结构的建造者使用了方便采集的本地石材，这种猜测非常合理。可是这就把巨石阵的建造放在了一种实用而直接的商业化动机之下。然而正如我们已经看到的那样，巨石阵背后蕴含的想法和思维远比这个复杂得多。

我们现在已经了解到，将石头从遥远的地方搬运过来并不只是为了使用，而是有更加深层的目的。人们在五十年前就已经知道，用不同颜色和纹样的石头打磨而成的斧子遍布新石器时代的不列颠，不过它们的分布并不平均，有些地方十分密集，有些地方则寥寥无几。很快，受地质情况的限制，大多数采石场基本只处于壮观的山地之上。[5]这种不均衡的分布显示出一些区域更喜欢从不同的采石场获取石斧，在堤道围场和坟墓这样的特殊遗迹里就发现了来自山地采石场的打磨精美的石斧。埃顿地区的堤道围场（我们之前已经讨论过）位于距离北海海岸约50千米的瓦什沼泽边，在其中发现了特有的绿岩斧，它来自西北方向275千米外坎布里亚湖区山脉的高地。埃顿并非个例，中部地区东部的许多遗迹也出土了来自兰代尔的石斧。这到底是怎么回事，难道仅仅是长途贸易的结果吗？

史前时代贸易的概念同现代的很不同。[6]首先，史前时代并不存在货币。微小的日常用品会被拿去集会上交换别人富余的物资，这类集会通常位于几个部落或社群领土边界的"中立区"。到很久以后，约公元前500年的铁器时代，有些集会场所发展成了山顶古城，到更后面的罗马时代，还有一些演化成了城镇。但一些特别有价值和地位的物品则待遇不同，它们通常被当作权势和友谊的象征，由某位部落首领或是家族领袖传递给另一位。在经历一段紧张时期后，两个部落之间的领袖可能会通过交换这样的"礼物"来达成某种共识，这当然不是什么真正的赠予，而是往往伴随许多附加的义务。我们在埃顿地区发掘出了许多来自兰代尔的抛光绿岩斧，它们产自非常遥远的特殊地点，因此往往会被赋予独特的价值和意义。[7]

此类高价值物品的流通方式证明，人们相信它们出产地的神秘特质会一直伴随这些物件，就像基督纪元开始以后，人们相信圣人的遗骸也有此特性一样。对许多部落社会来说，像兰代尔采矿场这样的地方被认为是"临界的"，字面意思就是"在边缘"。

这些地方本身以及它们出产的物件，被认为处于我们所在的活人世界和逝者所在的祖先世界之间。

多亏了之前发现的那些数量颇多的墓葬和其他纪念性遗迹，我们才得知在威尔士西南地区的普雷塞利丘陵上，那些露出地面的壮观岩层在当时很可能也被视为特殊或临界的存在。我曾参观过这些岩层，它们从未令我失望。这些露出地表的岩层嶙峋壮观，似乎天然地预示或回应了巨石阵的构造。还是学生的时候，我就知道自20世纪20年代起，地质学家已经意识到巨石阵上被称作蓝砂岩的小立石，其实来自威尔士的这个区域。考古学家认为，这些蓝砂岩可能从威尔士沿海的采石场通过筏运穿越布里斯托尔海峡，然后再朝东沿着埃文河运输。经过一段相对较短的陆路后，这些蓝砂岩会被重新装载到木筏上，沿着威尔特郡内的埃文河继续前行，着陆后它们会以仪式性的方式被运往大道，最后从东北角沿着夏至日线进入巨石阵。[8]这种说法很自洽，在20世纪后期看起来也颇为合理，不过却未必正确。

对普通大众来说，所有关于远距离运输巨石的理论都很牵强，但确实有很多证据显示，在史前时代，比巨石阵砂岩还要大的石头曾经历过远距离运输。事实上，人们已经知道从奥克尼群岛到布列塔尼，在整个巨石建造的范围内，搬运这些巨石是整个仪式性建造和使用过程中不可分割的一部分。但是很快又会有地质学家提出相反的猜想，认为蓝砂岩是由冰川时期的冰川带到了威尔特郡。[9]这种猜想虽然从未得到考古学专家的认可，却在媒体和公众那里赢得了一定支持。

最近，巨石阵河岸项目的研究发现，一些包括巨石阵蓝砂岩在内的特殊岩石类型来自普雷塞利丘陵北面至少两个已知的采石场。[10]这表明从布里斯托尔海峡前往英格兰的海路被排除在外，或者说极其不可能了。相应地，将这些石头从290千米外的地方通过陆路运输到巨石阵，这个想法要靠谱得多。陆路运输还意味着沿路的人们很可能目睹了蓝砂岩的这段长途旅程，甚至参与其中。打个现代的比方，这就好像在奥林匹克运动会之前人们手举奥运圣火，环绕主办国进行一次次的传递。如果在2012年，人们举着火炬沿海绕不列颠群岛环行，这就完全说不通了，因为这样一来就没人能看见它，也没人有能力在海上跑。

关于大的砂岩和小的蓝砂岩如何运输，人们有过许多猜想。这两个工程无疑都需要大量人力，这也是与巨石阵相关的所有工程的真正目的。我们得知道，当时的人们在发明出轮子和滑轮之前就已经掌握了建造大型土木工程的技术。不过我们不能轻易认定这些石头一定以最有效的方式进行运输。举个例子，在一年一度的四月节，塞维利亚街道上会运送大型雕像。[11]忏悔者们将巨大的塑像背在肩上，有的人赤脚而行，还有的人刚刚完成斋戒。换句话说，他们的目的是以正确方式来完成，而非考虑其实用效率。

限于篇幅，我们不再继续讨论运输石头的相关理论了。总而言之，只要摩擦力能够减小，这个任务就会容易得多，而水和动物脂肪都是很重要的润滑剂。说一段我的亲身经历吧，1987年10

月的一场大暴雨后，我有机会去萨福克的沿海森林里采集一棵被折断了的橡树树干。当时一位经验丰富的樵夫教会我如何在没有机械力帮助的情况下运输这根树干。去掉树根后，这根修剪好的树干重约2吨（和一块大的蓝砂岩差不多）。我们首先把一些小树枝做成直木杆，让它们像铁轨一样平铺在地面上。随后我们把树干放到木轨的滚轴上（也是用短树枝做成）。如果表面平滑，一个人就可以推得动，有时甚至都不需要杠杆的辅助。可是只要有小小的坡度，我们两个就需要用杠杆一起使力。幸运的是，我们搬运的地面还算平整，不过任何称得上有小小坡度的地方都会需要大量人力，一头用杠杆推，一头则用忍冬做的绳索拉。

在诺福克郡海上木阵的早期青铜遗迹中就发现了忍冬绳索。[12] 纪录片《时间团队》（*Time Team*）对此做了重建实验，证实这些浸透后拧成的忍冬藤非常坚韧。如果人力足够，不用木轨和滚轴就可以轻易拽动大树桩（重约2吨），尤其是在地表有一点湿滑的时候。不过简单的木轨和滚轴系统如果没有经过一定的改造（比如多条木轨或是换成石质滚轮），肯定无法用来搬运最大的砂岩。

巨石阵建造活动最早的证据，是一组规律排布在巨石阵沟渠堤岸内侧的56个石洞。这些石洞排成一个圆圈，和沟渠有着同样的中心，因此我将两者都放在建造的第一阶段。这个中心的痕迹本该长久地留在地面上。当然，同心并不意味着沟渠和奥布里洞一定建造于同时期。和沟渠不同的是，奥布里洞构成了一个完整的环形，而且没有明显的入口。“奥布里洞”这个名字是为了纪念

17世纪国王的御用古董商约翰·奥布里，是他首先注意到了“圈形土方里间歇存在的”许多小孔（1666年）。[13]这项发现引起了陆军中校威廉·霍利的警觉，他随后就在1920—1924年对其中的大半进行了发掘。霍利当时使用的编号现在仍在沿用：1号洞（AH1）位于屠宰石的东南方向，主入口的东南侧；56号洞（AH56）则横卧在屠宰石西北侧相同的距离上。霍利发掘了东南半圈的奥布里洞（AH1—32）。

奥布里洞正好能够承载体量适中、后来在第二阶段（见第五章）被放在巨石阵中心位置上的蓝砂岩。在发掘期间，没有一个石洞里有蓝砂岩，不过陆军中校威廉·霍利在20世纪20年代发掘了东边大多数的石洞后指出，许多石洞的底部和边缘曾受到挤压，就像巨型石头（而不是杆子）曾被放于其中，后来又被移走一样（这个过程需要将竖直的石头前后晃动以松动石洞）。霍利还发现奥布里洞中经常有火葬现象，有一次是在蓝砂岩被移走以后。[14]迈克·帕克·皮尔森告诉我，根据放射性碳测年结果，蓝砂岩被放入奥布里洞的年代应该在公元前3080年—前2890年。[15]

巨石阵河岸项目调查了新石器时代后期投入使用的两座蓝砂岩采石场。巨石阵的蓝砂岩通常分为两种：斑点粗粒玄武岩和其他各种流纹岩，两者都是可燃的（原本为火山石）。出产流纹岩的采石场位于克雷格·罗斯－伊－费林，人们还在那里发现了一块部分打磨之后被遗弃的蓝砂岩柱。放射性碳测年结果显示，这座采石场的使用时间在公元前3400年—前3300年，比奥布里洞早三四百年。[16]另一处出产粗粒玄武岩的采石场位于卡恩·戈多格，那里出产的石头和巨石阵的斑点粗粒玄武岩更为贴近。人们在这座采石场发现了有涂料的底层和一座土坡，土坡底部装载着采集来的石头。采石场的使用时间在公元前3350年—前3040年，还是要比奥布里洞早很多。

我们已经知道东北面的主入口朝着夏至的日出方向，第一阶段的建造加强了这一入口的重要性。入口外一组很深的底土细槽也沿着相同的方向，这种布局在沟渠刚刚开挖的时候（公元前3300年左右，甚至更早）就已经十分重要了。然而，东北角并非这块圣地的唯一入口，至少在南面还有一个入口。南面的入口由一条内部木质的通道构成，正如我们在前一章中提到的，它很可能在巨石阵的形成期就已建成。不过在公元前3300年之后，南面的通道就渐渐失去了其重要性，有些地方堵塞或是变窄了，但从未被完全弃用。事实上，第二阶段及之后的砂岩圈被一块更小更短的立石（第11号石）切断，这块立石应该没有承接过楣石。[17]在为电视节目制作的泡沫聚苯乙烯复制品中，专家建议摄制团队采用更轻质的木料作为这座“泡沫石圈”的楣石（见第九章）。颇为巧合的是，这一突兀的断裂（如果它并非一处精心设计的话）正对着巨石阵的南面入口。

对沟渠尾端的内外侧进行了几次大型的重新填挖之后，东北主入口的重要性得以进一步体现。考古学家在主入口的东侧发现了三个朝向东北的成排石洞，很可能是为了放置砂岩，同时也应该有加强主入口地位的作用。这一意图十分明显，因为它使人们的注意力集中到了由沟渠、沟渠两侧的堤岸和放置着蓝砂岩的奥布里洞围起来的区域，但它同时也将人们的注意力向外拓展，使之超越了巨石阵本身，投向周边的景观。在2007年发掘的最后时刻，巨石阵河岸项目的团队正是在周围的景观中取得了最激动人心的发现。[18]

抛却流行电影和大众文化为我们描绘的情景，成功的考古学家其实极少会有意料之外的发现。现在完成一个出色的研究项目需要一系列定义清晰的目标，仅有一个宠物理论*远远不够。这些目标必须非常具体，并且能够在地表或地下得到验证。在下一章中我将介绍一个来自遥远的马达加斯加岛的前沿理论，刚读到的时候，我觉得这个理论很有说服力，还把它用进了我的《公元前的不列颠》（*Britain BC*）一书中，作为一种将巨石阵景观的各种特点加以综合，并予以解释的方式。后来，这个理论渐渐从一个睿智的学术概念，演化成了一种更有实际意义的技术指导，在2007年发掘季的最后一天，是它引导了蓝砂岩阵的发现。我会在下一章中进一步讨论这处新遗迹，不过基本来说它是一个直径约20米、由25块蓝砂岩组成的圈形结构，这些蓝砂岩正好位于埃文河沿岸，巨石阵东南方向直线距离3.5千米处。所有证据都表明蓝砂岩阵的

* 指提出者偏爱的理论，不论对错。——译者注

下页图

位于彭布罗克郡的卡恩·戈多格蓝砂岩采石场。这座采石场绝佳的地理位置和这些岩石光秃秃的外形为巨石阵做好了准备。不难看出人们为何将这里尊为圣地。

石头放置于公元前2950年左右。由此可以推测，蓝砂岩阵和奥布里洞的石头在同一时间段被放置[19]。仍需提醒大家的是，我们不能假定两者同属于一个事件。如果说我们从巨石阵的复杂发掘中得到了什么经验的话，那就是这样的假设一定要由发掘本身来支撑。

在给本章画上句号之前，我们来做一个简单的加法，当作对未来的预示：奥布里洞一共有56块蓝砂岩，而蓝砂岩阵有大约25块，我们姑且将两处的总数说成80块。这个数字我们还会再遇到，不过那时就是截然不同的情况了。

5

5

* * * * * *

巨石来了：第二阶段

（自公元前 2500 年起）

如果我在30年前写这本书，那么接下来的内容大都还不为人所知。巨石阵周边项目有许多激动人心的发现，根据该团队于1990年发表的报告，他们对科尼布里坑的发掘将巨石阵真正融入了整个景观之中。五年后，英格兰遗产委员会出版了一本关于巨石阵现代发掘的概要——《景观中的巨石阵：20世纪的发掘》(*Stonehenge in its Landscape: Twentieth-century Excavations*)，更为这些发现添上了精彩的一笔。[1]它们为21世纪的研究浪潮提供了一套坚实的数据和发展基础。多亏了这项最新的进展，我们现在才能理解巨石阵及其周边的遗迹何时以及为何而建，后者显然更为重要。基础的准备工作已经由20世纪90年代的两个项目完成了，可是在这之外，还需要将一些神秘作料加入这些平实枯燥的事实，让它们鲜活起来。我总是忍不住将这种作料称作魔法，它的提供者是来自马达加斯加的考古学家拉米里索尼纳，在跟着一位英国同事参观了巨石阵和埃夫伯里后，他产生了灵感。[2]

迈克·帕克·皮尔森和拉米里索尼纳一起考察研究过马达加斯加的立石和室墓，其中有一些今天还在使用，是当地社群传统的组成部分。我大概记得那是1991年的某天，迈克第一次告诉了我拉米尔(他的朋友们通常这么叫他)在刚见到巨石阵时说过的话，那时的情景我永远不会忘记，那些话也一直伴我至今。当时迈克和我正在弗拉格芬俯视着暴露在湿泥潭中的上千件青铜时代木料，自此我再也无法以相同的目光看待任何古代木料或木材。我来引用一下迈克对拉米尔想法的概述吧：

在马达加斯加，人们用石头来建造纪念祖先的建筑，因为石头就像祖先一样，是亘古存在的。而用木头建造关于活人的建筑，则是因为就如同人的生命一样，木头是会消逝的。因此，巨石阵显然是一个为祖先而造的地方。*

在巨石阵形成期就已十分明显的木质结构，大约搭建于新石器时代末期，当时人们还不太区分生与死的界限。我们知道在公元前3500年前，人们会在一些特殊的日子去堤道围场这样的地方待上几天或是几周。这些遗迹都有为宴饮准备食物以及焚烧和埋葬的痕迹。这一时期，人们渴望将死者的精神世界同生者联结在一起，祖先灵魂的在场能够提供某种安定感，也可以帮助解决活人之间的纠纷。事实上，人们经常将骸骨从室墓迁出，放入社群，以便人们在纪念性仪式时观看，这也是一种生死世界之间的联结。当时的人们相信这样一来，祖先就可以密切关注活人的行为。

公元前3000年左右，这种古老的想法迅速发生了转变，取而代之的是一种看待生死的全新观念。按照拉米里索尼纳的说法，生与死这时分成了泾渭分明的两个领域，分别以木头和石头作为象征。这个转变的重要之处在于，它既将祖先置于很高的位置，又赋予活人更大的自由。自此之后，关于祖先的传统仪式无法再渗透到日常生活的方方面面，人们拥有了安排个人生活和促进社

* 引用自Mike Parker Pearson (2015), *Stonehenge: Making Sense of a Prehistoric Mystery*, p. 71 (Council for British Archaeology, York).

会发展的自由。到了这一时期的后期，也就是公元前1500年左右，人们做好了迎接更加深远的转变、拥有更大自主权的准备，而这次转变毫无疑问也伴随着地方权力的愈加集中。

假设拉米里索尼纳和帕克·皮尔森的想法是正确的，即巨石阵的巨石代表着死者，那么应该还有相应的木质结构代表生者。最有可能的一处遗迹是位于巨石阵东北面3.2千米处、埃姆斯伯里之外的巨木阵，它在1925年通过航拍被发现。莫德·坎宁顿于1926—1929年对其进行了发掘。[3]1966年，有人提出要修改A345公路延伸段的路线，即从埃姆斯伯里通往马尔伯勒的这一段，新路线需要穿过巨木阵北面的杜灵顿垣墙。这一举措在当时引起了一定的骚动，因为杜灵顿垣墙是一处受保护的史前时代木石圈遗迹，同时它还是不列颠地区已知最大的木石圈遗迹。最终人们决定对穿过这一保护遗迹（也被称为在册古迹）的新路线进行发掘。这一工程由杰弗里·温莱特主持，并成为他颇具影响力的不列颠西南地区木石圈研究的组成部分。[4]

温莱特发现，杜灵顿垣墙的沟渠和堤岸内有两圈巨大而复杂的木结构，它们被命名为北圈和南圈。如果只从表面来看，巨木阵和杜灵顿垣墙的两个大圈确实为木石理论提供了关于木和活人的因素。不过这两种因素之间需要一些关联。理论本身很自洽，可是要如何实际作用于整个景观呢？帕克·皮尔森想出了办法，这个办法也最终促成了巨石阵河岸项目的创立。他认为，巨木阵和杜灵顿垣墙的木结构通过一条神秘或仪式性的路线同巨石阵联系在一起，这条路线贯穿整个景观，从杜灵顿垣墙开始，沿着埃文河的一条蜿蜒的小支流行进，随后顺流而下抵达巨石阵大道。这绝不是一条笔直的路，直达也不是它存在的目的。死者的终途总是庄严肃穆，这也是现代的灵车总是行驶缓慢的原因。到达巨石阵后，死者会被送往景观的某座坟墓中，抵达他们最终的安息之地。我们很快就会看到，死亡国度的终点正是河岸边的蓝砂岩阵，而埃文河可能既不属于生者亦不属于死者，而是像古代神话中的斯提克斯河（冥河）或罗马天主教中的炼狱（既非天堂也非地狱）那样，是一个危险重重的过渡地带。

是否杜灵顿垣墙和巨木阵代表了生者世界，大道和巨石阵代表了死者世界，而埃文河是两者之间的联结？这一点还需要进一步证明。由于河岸在经年累月中反复修建又遭到冲毁，所以从河流本身出发可能不会再有什么进一步的发现了，但是我们说不定能在这一段区间内找到突破口：从杜灵顿垣墙旁的埃文河开始，到大道旁的埃文河结束。这两个端点之间的河段蜿蜒曲折，有些地方还相当浅。它的流程太过曲折迂回，以我们的后见之明，这很有可能是故意为之，用来营造其神秘特性。设计这样的旅程从不是为了让人轻易到达终点，巨石阵河岸项目的一位考古学家曾带着三位乘客和一条狗划小舟重走这条路线，花了足足四小时才走完，[5]更何况现在的埃文河要比史前时代的好走很多。

我会在下一章中讨论这场通往死亡国度的朝圣，也就是从埃文河到大道，再到巨石阵的这一路线的第三个因素。这一章接下来的部分，我将集中介绍这段旅程的第一个阶段，也就是由巨木阵，更具体一点来说，由杜灵顿垣墙所代表的生者国度。不过在那之前，我们必须先回到巨石阵看看，因为那里正在发生重要的转变。

在巨石阵的故事中，公元前2500年左右是一个重要的节点。对史前学者来说，这个年代标志着新石器时代的终结和不列颠铜器时代的开端。到了这个时期，将沟渠内的区域作为火葬墓地的传统即将接近尾声。如果这里只是一个普通的遗迹，人们可能会推测它在此时渐渐式微，几百年后被完全弃用，不过事实并非如此。相反，这里突然爆发出密集的人类活动，持续时间不到百年，但肯定有数千人参与其中。

第二阶段形成的新巨石阵可以用一张平面图清晰解释。基本框架很简单，其中有两个主要元素——马蹄形三石塔和砂岩圈，它们自第二阶段到第五阶段都没有很大的改变。游客从外侧很难发现两者的差别，这在一定程度上可能是故意为之，因为建造巨石阵本来就意在让人从外部无法看清里面发生的事情。原则上只有很少数的人可以进入祭坛栏杆内的至圣场所。三石塔是三块大型砂岩石的组合，其中两块呈竖直态，上面盖有一块楣石。这五座三石塔呈U形排列，U字的开口朝向东北方的主入口以及后来的大道，U字的两侧分别有两组三石结构。U字的底座就是大三石塔，是整个遗迹的关键部位。今天大三石塔中唯一还在原处的部分是两块立石中的一块，明显比巨石阵里其他的石头都要高。石

从南面看巨石阵的全视图，可以看出其排列非常紧密，从外部对内部进行观察会十分困难。

头上有一块像脖颈一样粗短的突起，叫作榫舌，正好和缺失楣石上的榫眼吻合。我们知道新石器时代的木工业中已经有这种工艺的运用，三石塔中的这一结构可能就是对这种简单接合方式的模仿。巨石阵中的所有楣石都以这种方式与立石相固定。

在马蹄形三石塔的五组三石结构中，每组中稍微大一点的立石只靠一个榫舌支撑一块楣石，这和砂岩圈中楣石的接合方式有些许差别。在这里要建造的是一个能够接续的石质环梁，因此每一块楣石的两端都需要紧贴下一块楣石。另外，砂岩圈的每一块立石都等比例地比三石塔的立石宽一些，并且有两个榫舌来承接楣石。过去巨石阵的许多石头曾被敲碎运送到其他地方，用于建造工程，所以尽管存在这种可能性，我们仍无法确定砂岩圈是否曾被真正建成。话虽如此，我们在前一章里也看到至少有一块立石（第11号石）过于短小，应该无法支撑起砂岩楣石。

2011年，巨石阵中所有石头的表面都经过了高清激光扫描，为它们的形成和后继的损害记录下了详尽的数据。[6]除却学术上的价值，这次测量还为以后的文保人员提供了信息，即可能会进一步影响这个遗迹的环境因素，例如酸雨和地衣的生长。这么多年来，人们有过许多关于巨石阵形成过程的猜想，而这份报告区分出至少十三种不同的技术和损耗方式，从劈开整块石头（列举了三种方式）到粗加工、削薄片、磨碎甚至抛光全都包括在内。除了只在最低2米处发现的磨碎和抛光的痕迹，大多数的加工和打磨似乎都是在巨石阵直立之前完成的。游客参观巨石阵时，很容易就能发现由粗加工造成的细槽和低脊，这在一些掉下来的石头表面，或是大一些的立石侧面和内部尤其明显。

蓝砂岩的加工方式和砂岩非常不同，只有三种可以辨认，而且这三种方式都包括采掘和锤击。和砂岩不同，蓝砂岩（通常是指普雷塞利斑点粗粒玄武岩，是一种经过化学变化的火山岩）会自然分裂成块状，因此也就不需要特别费力地打磨。

激光扫描还为我们提供了一种全新的视角，让我们得以走近史前人类观看和欣赏巨石阵的方式。比如说，马蹄形三石塔的底座大三石塔，比其他三石塔留存下来的部分明显高很多。根据最新的调查结果，接近入口的两座三石塔又比沿着大三石塔的两座矮很多，因此三石塔从东北向西南有一个高度上的递增。这样的排布和砂岩圈的水平楣石恰好相反，而且将人们的注意力逐渐引

这一张南面视角的图片，体现了大三石塔（位于中心）的单一立石和两座马蹄形三石塔（位于两侧）之间的大小对比。请注意图片左侧两块尺寸较小的立石属于砂岩圈，还需要注意大三石塔立石左边紧挨着的一块蓝砂岩小立石。

向了适合观测冬至日落景观的大三石塔。我们很快就会明白，巨石阵从来不只与夏至日出有关。

激光扫描体现出了石头加工过程中惊人的细微差别。比如说，马蹄形三石塔的打造方式明显是为了提高建筑的整体性，并将人们的注意力引向它们朝向至日点的排布。[7]通常这些石头在体量、颜色和加工方式上都经过仔细的配对。对于石器打造技术更进一步的研究表明，修建三石塔和修建砂岩圈的可能不是同一批人，这表明两者的建造之间可能存在断层。话虽如此，可它们确实形成了连续和完整的结构，那么断层一说就显得不太合理（至少对我来说如此）。值得讨论的一点是，三石塔位于巨石阵的中心位置，因此建造三石塔的人可能具有更高的地位，或者说在部落的宗教阶级体系中，相较其他劳动力具有更老的资格，其中可能也存在一些更不易察觉的因素。

比如说在海上木阵，用来加工中心那棵颠倒橡树的石斧，就同用来加工周围木圈墙的石斧不同。通过对年轮的研究，人们发现中心橡树在准备插入地下时，有一部分被切下来用作圈墙了。在研究中，麦茜·泰勒发现这部分木材和中心橡树使用的是同样的石斧。[8]这就表明人们认为重要的并不是树所在的结构位置，而是树本身。因此，兴许在三石塔中，决定了谁来对其进行加工的是石头的颜色或质地，而非其在巨石阵中的位置。

砂岩圈的30块立石经过了精心挑选，在地表有轻微坡度的情况下也能支撑起相对水平的楣石圈。[9]今天，这些立石中的17块还竖立在原处，可30块楣石却只剩下6块。[10]激光扫描显示，相较于内侧，外侧的加工没有那么仔细，但当时的人们想办法去除了暗灰色的风化外表，露出了石头自然的浅粉色。内侧应该经过更细致的加工，因为人们会更近距离地观察细节，不像外侧，人们只会在沟渠或是外堤岸之外远远地观看。

为了让立石呈现直到今天都还直立、平行且结构牢固的状态，直立砂岩的侧立面经历了很细致的打磨，[11]可是砂岩圈从来不只是一个简单的结构。进一步观察就会发现，朝向东北—西南至日点主轴的立石及其楣石经过了精心加工以保持直立，从而将一年中日照最短和最长这两天的阳光纳入框中欣赏。巨石阵东北方向沿着中轴线和大道的入口，在东北面立石的映衬之下显得更加令人瞩目。游客到达巨石阵之后，首先见到的就是东北面的立石，它们经过了仔细的筛选并加工成形，明显比西南面的立石更加规整，更加精雕细琢。这也进一步说明人们应当从马蹄形三石塔那里观赏冬至的日落，毕竟，根据我们已经了解到的，大三石塔正是为此而设计。[12]

早在18世纪早期，威廉·斯蒂克利就认定巨石阵的排布顺着夏至日出的方向，自此以后人们一直在猜测巨石阵、日月食和太阳之间的排布关系。[13]不过自20世纪60年代中期出现了早期的计算机后，这些猜测逐渐被以科学为基础的观察和预测所取代。[14]这些新研究中最著名的是杰拉德·S. 霍金斯写的一本书，书名毫不客气——《解密巨石阵》(*Stonehenge Decoded*)。[15]霍金斯（和他的合作者约翰·B. 怀特）运用当时最先进的哈佛－史密森IBM计算机进行研究。他们的书取得了巨大成功，在全球范围内销量斐然。霍金斯指出，巨石阵中包含无数与太阳和月亮运行轨迹相关的因素，这些因素在史前时代可能有一定的含义，但也可能并非如此。[16]他有一个很出名的说法就是将这座遗迹称为“新石器时代的计算机”，可事实显然并非如此。人们很快就认识到巨石阵绝非独一无二，许多其他的巨石遗迹或木质遗迹多少都遵从太阳运行的轨迹。当时人们普遍认为，史前人类是运用宗教场所来预测日月食等星象的天文学家。在芯片技术风靡一时的时代，有这样的想法是很合理的。不过随着时间的推移，人们变得越来越理性了。

如今的史前学家认定，这些遗迹中与太阳和月亮有关的排布更接近于星相学，而非天文学。的确，石头被精确放置在经过观测和记录的位置上，不过这样做并不是为了研究天体的运动，而是为了将自己居住的世界与更广阔的自然宇宙拉近。在这个阶段，人类很可能还没意识到不列颠只是一座岛屿，也不知道地球是一颗星球。他们将太阳、月亮和星星视作社群生活中不可或缺的因素以及自然环境的组成部分，就像是天上的山脉。星体的运行与四季的更迭一样，为家庭生活、工作，当然还有思维和想象提供了规范和框架，这是一种包容且丰富的世界观。

东北－西南（夏至日出和冬至日落方向）的中轴线是巨石阵最重要的排布方式，它肯定有着古老的起源。不过就像我们在第三章中已经见到的那样，巨石阵中还存在其他与天文学相关的排列，尽管都只是模糊贴近，而非精确吻合。在第二阶段出现了车站石（第91—94号），这组石头与月升月落的主要活动排布相似，这时的吻合就更加精确了。[17]它们恰好处于沟渠内侧堤岸的内部，同堤岸形成一个长方形。这一排布恰好与我们熟悉的冬至日落及夏至日出线一致，其西南面指向的是月亮升起时最南端和落下时最北端的位置。在研究人员发现了半圆形带墓葬的小沟渠，也就是我们今天所称的南坟和北坟之后，车站石第94号和第92号（相对最北和最南的两块）的重要性得到了进一步体现。

第二阶段的其他进展还包括三块石头的放置，也就是主入口对面的屠宰石（一个颇有维多利亚时代趣味的名字），以及现在可能还在原处的脚跟石（曾经有一对）。[18]除了两座大型的砂岩结构，第二阶段的另一个主要事件是两圈蓝砂岩的建造，它们位于砂岩圈和内侧的马蹄形三石塔之间。我们几乎可以肯定这里使用的石头源自奥布里洞和蓝砂岩阵，它们随后被放置在名为Q洞和R洞的石洞里，形成双圈的样子。理查德·阿特金森教授在他1954年的发掘中首次发现了这些石洞的分布。[19]

到第二阶段为止，巨石阵基本成为一座各部分相互协调的史前遗迹，这同形成期时各部分的相对独立形成鲜明对比。公元前2500年，建造巨石阵需要大量人力，因此产生了给劳动力安排食宿的问题。在巨石阵河岸项目启动以前，人们对这些人几乎一无所知。从某些方面来说，他们很像19世纪40年代建造英国铁路的挖土工：一群消失于历史记载中的拓荒者。不过现在我们已经发现了他们居住的地方，也就是新石器时代的维多利亚式建筑工人营。[20]维多利亚时代的铁路修建者和新石器时代的石圈建造者有一个主要区别，那就是前者是受雇劳力并且按劳支付报酬，而后者生活在一个远没有那么多压迫的时代。他们从事的是自己信仰的事业，更像朝圣者而非酬不抵劳的工人。

我们现在要讲述巨石阵研究中最重要的发现了。虽然这个发现不是直接证据，但它为从生（木）到死（石）的象征之旅提供了强有力的支撑，还为我们了解建造这座惊人史前遗迹的千千万万人的生活打开了一扇窗户。

好的研究都围绕着一个重要的问题展开，可由此展开的解答却通常会指向一个略微不同的问题，巨石阵的情况也是如此。在召集一群研究员组成了后来的巨石阵河岸项目团队后，迈克·帕克·皮尔森想在当地寻找证据，来检验他那位马达加斯加朋友关于由生到死之旅的想法。杜灵顿垣墙旁的埃文河河岸显然是个不错的起点。第一季研究从一次调研开始，并于2004年开始了正式发掘。他们发现了燧石工具、陶器和其他一些物件，为新石器时代后期的人类活动提供了大量证据。然而，他们几乎没有发掘出沟渠、堤岸或石洞等真正意义上的考古学特征。[21]很快他们就意识到这是由于探沟离河岸太近了，遭到了河水的侵蚀和破坏。

2005年，团队将探沟挖到了斜坡向上一点的地方，远离河流而更靠近杜灵顿垣墙堤岸。在这里，他们很快就发现了一座新石器时代房屋的完整地板遗迹。[22]这是一项重大发现，因为在不列颠南部，没有遭到耕作破坏的新石器时代房屋地板非常少见，而在不列颠最大的木石圈之外就发现了一处。毫无疑问，杜灵顿垣墙在某些时刻不只是一个仪式性场所。2005年挖掘第一条探沟时，团队也没有意识到他们发现的房子属于一个巨大却短暂的聚落，而且这个聚落的存在时间和巨石的搭建时间一致。在发掘季的最后，团队越来越清晰地认识到这些房子就是建造巨石阵的劳动力居住的地方。两年之后，我第一次踏上了去往发掘地的旅程，那时候杜灵顿村庄的体量已经显而易见了：它是英国迄今为止最大的村庄，也是欧洲地区最大的村庄之一。[23]

巨石阵河岸项目的发掘显示，在巨石阵建造的第二阶段，为其劳动力搭建的房屋（不确定是否由其所建）并不像维多利亚时期的铁路矿工棚屋那样破烂不堪。事实上，他们的房屋和整个不列颠岛上的其他住宅几乎一样好。[24]2004—2007年，人们发掘出了9座宽约5.3米的方形房屋。这些房屋的墙位于柱子30厘米之外的地方，内部织有编篱，外面有一层像石膏一样用捣碎的白垩土、泥土和动物粪便混合而成的涂料。要想让这种涂料保持干燥，须得有很宽的屋檐，墙的四周还要有木质的箱式床。每个房子的中心有一个长方形灶台，在一间房子的地面上还发现了人们跪在火前取暖留下的凹陷印迹。这些房子没有统一的标准，也并非整齐划一，有一些房子的地位明显比另一些的高。在巨石阵新的游客中心外，人们可以看到对这些房屋的精美重建。

不列颠地区绝大多数的史前聚落都很长久。20世纪70年代，我在彼得伯勒的芬格特发掘一处铁器时代的村庄时，发现有时人们会在已经被遗弃的房子上面继续建造房子，甚至会有垃圾坑或新修的道路从废弃的房屋中穿过。[25]不过奇怪的是，杜灵顿垣墙的聚落并没有显示出这样的迹象，那里的房屋与四周其他的遗迹相互融合。人们很快就弄明白，这其实是因为所有的房子都建造于同一时期。另外，在每座房屋外挖掘的坑也表明这个聚落可能只是短暂存在了一段时间。这些坑里装的是白垩土，用于制作、修复墙体和地板，地板可能更为重要。举个例子，在用显微镜对一层白垩地面进行观察分析后，人们发现这层地板可能建造于七个不同的时间段，每次有人入住后都会重新铺排。其他证据显示，住户的更换总是发生在春秋季特定的几周或至多几个月的时间里（也就是农闲期）。地面采集到的证据同房屋外发掘的白垩坑正好契合，这些坑由上一年的坑扩大而成。最大的一组有十二个坑，可能表明这个村庄至少一二十年都有人类居住。放射性碳测年结果落在了公元前2480年—前2460年，这也证实了其存在的短时性。[26]

更进一步的发掘和地球物理学的研究显示，杜灵顿垣墙的聚落可能存在大约一千座房屋，可以容纳至少四千人。最近人们研究了粘在陶器上的食物骨头和残余物，发现在杜灵顿垣墙工作的人们伙食很不错。[27]猪肉非常受欢迎，大部分猪在秋冬两季被宰杀。这也符合两座木质圈将入口设置在冬至日出方向中轴线上的排布。所有的证据都指向一个结果，即将巨石阵的石头直立起来这项艰巨的任务，应该是在深秋到冬天的时候进行，并且持续了十年左右。无论以何种标准来说，这都是一份十分高效的项目，而且修建者普遍具有极强的目标导向性。待我们开始思索这段从生到死旅程的最后一程时，我们会更加理解这个驱动他们的想法所包含的力量。虽然我们对前人的信仰所知甚少，但它依旧能够激发我们强大的想象力。即便在今天，仍有这么多人不可避免地为之着迷，原因似乎不言而喻。

6

* * * * * *

由生到死的旅程：第三阶段

（自公元前 2400 年起）

巨石阵修建者居住的村庄只存在了很短一段时间，而杜灵顿垣墙却一直保持着其中心区域的地位。人们可以相约前来，一起陪伴亲人走过最后的旅程。巨石阵是石制的，而杜灵顿垣墙（包括正对着其南面入口的巨木阵）使用木材建造，这一选择必然十分关键，也从另一方面证实了之前“木=生，石=死”的猜想。同巨石阵一样，这些不同木质圈层的方位沿着至日点的连线，尽管它们主要朝向冬至日出而非夏至日出的方向。这有可能象征着太阳在生命的末途缓缓升起，新生的旅程就此开始。

最近，人们在杜灵顿垣墙南面圈环的堤岸外不远处发现了一排呈微弧形的大型柱洞，这个发现很值得注意，因为它表明在沟渠和堤岸建造之前可能先有一圈柱子。[1]巨石阵河岸项目的最大发现之一就是杜灵顿垣墙大道，它比巨石阵大道短很多，用来引导行进的人们从杜灵顿聚落（以及后来的杜灵顿垣墙）东侧入口沿着斜坡一直下到埃文河，也就是整段由生向死旅程的第一阶段。我在之前提到过，巨石阵大道顺着底土中的一组深槽建造，而杜灵顿大道同样沿着一条朝着夏至日落方向自然成形的碎石表面修建。这无疑很适合作为人生终途一段新旅程的开端，修建这条大道显然是为了给逝世灵魂送去最妥帖的告别。大道宽15米，两侧均有堤岸，明显是一条主要的行进通道，能够容纳数量巨大的送葬者，让他们一路陪伴着死者的遗体走过下一程，也就是整个旅程中最艰难的一部分——蜿蜒的埃文河。

从杜灵顿垣墙，到巨石阵大道与埃文河在蓝砂岩阵的连接点，两者之间的直线距离只有2.5千米，但事实上埃文河在这一段的流向要曲折得多，甚至远超这个距离的两倍。我们在第四章中已经知道，蓝砂岩阵建造于巨石阵的第一阶段，约公元前2950年左右。它在建造的最初阶段包含约25块蓝砂岩，经过完全打磨后被运到河流边缘，形成一个石圈，石洞的内部及其周边都没有发现任何打磨或开凿留下的碎片。在巨石阵的整个发展历程中，这一时段的蓝砂岩阵应该还是相对独立的存在，因为巨石阵大道还没有开始修建，而西北方向2.2千米外巨石阵的柱子和蓝砂岩圈并不在其视野范围内。史前人类将蓝砂岩阵的石块放入石洞并竖立起来时，所使用的技术和运载材料各不相同，这可能表明在第一阶段时，这项工作由各个社群独立完成，而非像第二阶段那样，大型建造项目由更加集中化的劳动力共同承担。[2]

蓝砂岩阵的石头大约在公元前2400年被移走，很有可能运去了巨石阵，在那里，这25块石头重新组成一个新的蓝砂岩内圈。如果算一下巨石阵在不同时期的各种结构中使用到的所有蓝砂岩，总数在80块左右。考虑到这些石块所需的长距离运输，它们很有可能在第一阶段被运来放置在奥布里洞，并构成蓝砂岩阵。这些石块从蓝砂岩阵挪走后，在原来的遗迹上便建起一座新的木石圈，同巨石阵一样，这座木石圈也包含一条沟渠、外围的堤岸和一个东北朝向的入口。新的遗迹被称作西埃姆斯伯里木石圈，恰好位于公元前2400年后不久修建起来的巨石阵大道末端的中心位置。这个木石圈有两条平行的沟渠，内侧有堤岸（外侧可能也有），还有一条近20米宽的主路，几乎可以同杜灵顿大道相媲美。相比之下，巨石阵大道要长得多（2.8千米）。新木石圈现在仍然是当地景观中一道令人瞩目的风景线，从空中俯瞰时尤其壮观。

回到刚刚讲述的内容，不同社群各自分工，用蓝砂岩在巨石阵建造了新的内圈，这种分工方式表明这些蓝砂岩可能有着不同于周围更大型的砂岩结构的作用。首先，砂岩是静止的，蓝砂岩则是可移动的。另外，若有幸能够独自在巨石阵中心漫步，就能体会到更深一层的象征意义。我就有过这样的经历，在拍摄纪录片《泡沫巨石阵》（*Foamhenge*）时，某天傍晚我独自来到片场，强烈地感受到同周围巨塔一般的砂岩相比，那些更小的蓝砂岩是一种人类尺度的"存在"。不过由于泡沫塑料做成的"蓝砂岩"和"砂岩"颜色有差异，我的感官可能被进一步放大了。倒不是说这些蓝砂岩仿佛有生命了一样，但在砂岩三石塔的对比之下，这些蓝砂岩与人体相适的尺寸——我该如何表达呢？——仿佛是一种更宜人的存在。我完全可以想象一位满怀敬畏之心的史前朝圣者站在蓝砂岩边时，终于感受到了安慰和惬意的画面。

我知道其他史前学者都认同这一点：巨大的砂岩象征着时间、景观以及日月，仿佛居高临下地将立于巨石阵中心的人笼罩其中，而蓝砂岩的存在则提供了一些人的尺度。也许这些蓝砂岩的确代表了实实在在的人？如果真是这样，它们代表的应该就是那些显要的祖先。新石器时代早期时，祖先的骸骨会被迁出室墓，运到社群内。如果这一想法得以证实，蓝砂岩的频繁迁移也就得到了

泡沫巨石阵：从东北面看砂岩圈，背景里是大三石塔。也请注意图上的牵索：泡沫做成的“石头”在三级微风下就会晃动。

解释，因为它们代表的祖先才是重点所在。举个相应的现代例子：如果某个小镇有一座雕塑，在重大事件发生时（比如一条道路得以拓宽），这座雕塑很可能会被挪去。在中世纪及中世纪结束后的一段时间，教堂里的纪念碑会频繁地更换，为更宏伟的新纪念碑腾出位置。

如果蓝砂岩代表实在的个体，又会产生新的问题：究竟是普雷塞利丘陵的人们一路将蓝砂岩带来并建造了巨石阵，还是索尔兹伯里平原本地的社群在得知了大道之下岩石的裂痕，并了解了当地的神话和传说后，一路向北采集回了这些蓝砂岩？若我们只是简单地将石头等同于人，那么我们就得接受这件事：新石器时代湖区的很大一部分人，从兰代尔采石场带着他们独有的绿石斧一路向东穿行。这很不合逻辑。我倾向于认为蓝砂岩仍然被视作神圣的存在，一方面是因为其来自遥远的采石场，从而同祖先世界产生了联系；另一方面是因为在公元前3000年后不久，蓝砂岩被竖立在奥布里洞和蓝砂岩阵，由此获得了新的身份。五百年后，整整80块蓝砂岩被挪到巨石阵中心，并重新被竖立起来（通常不止一次）。在这之后，蓝砂岩的身份很可能又发生了改变。

第三阶段最大的工程就是蓝砂岩阵内圈和大道的建造。曾经的蓝砂岩阵和巨木阵被大型沟渠和堤岸所围绕，看上去就像被封锁了一样，但这同时也突出了它们作为纪念性遗迹的地位。这些改变发生的同时，史前不列颠正在经历重大的变化。我们似乎很容易就能得出结论，巨石阵所提供的稳定性反映了其在更大的社会层面的作用，从而成为持久传统和社会联结的重要象征。

第三阶段约始于公元前2400年。现在我们走出了石器时代，进入了金属时代的第一个纪元：不列颠铜器时代。这一阶段相对短暂，在公元前2500年之后可能只持续了300年左右。公元前2200年，不列颠铜器时代让位于青铜时代早期，后者在公元前1500年左右也走向终点——一个见证了木石圈和仪式性景观迅速没落的时期。金属加工逐渐显露其重要性，尤其是对于木工业以及与木料相关的工作而言。相对于在新石器时代简单开凿打磨而成的燧石与石斧，新出现的铜斧和青铜斧有显而易见的进步。

另一方面，武器的加工却仅仅小有发展。金属制成的新型短剑只比燧石短剑略显锋利，而石质箭头直到青铜时代仍在继续使用。主要的发展来自外观上闪耀的光泽，对习惯了灰色和淡棕色燧石的人来说，刚铸成的铜质短剑和青铜短剑看上去一定相当惊人。在这批新的金属制造技术中，影响最大的恐怕莫过于公元前2500年左右对温度（尤其是高温）的掌控，这一进步直接促成了小型炉窑和风箱的发明。青铜是一种以铜为主要原料（占90%），再加上10%锡所组成的合金，熔点在1083摄氏度。对高温的严密操控很快就发展出了质量更高、壁更薄的陶器形制，其中最知名的就是一种装饰繁复的酒杯，被称作钟形烧杯（命名自其喇叭状的轮廓）。

钟形烧杯属于首次将金属制造工艺引入不列颠的人群，是他们文化的一部分，正是他们将新的工艺和思想从欧洲大陆带了过来。在绝大多数的人类文明中，死者都会以特殊的方式被埋葬，因为这是一个族群身份的重要组成部分，钟形烧杯所属的文化群体也不例外。他们不再火葬，而是将死者埋在一个圆坟下的单个墓穴里。地位更高的男女会伴有丰厚的随葬品，一般情况下都有一个或几个烧杯，还有燧石或金属制成的短剑和铜或青铜斧。彼时射箭是生活中的一项基本活动，而制作精良的燧石箭头也常常出现在随葬品中，同时伴有打磨光滑的石质弓箭手护腕，有些护腕上还有金饰钉。我们还不太清楚这群人在不列颠社会中的地位，但大约在公元前2500年之后，早期烧杯文化墓穴中发现的许多物件已经广泛散布在整个不列颠的墓葬和聚落中。这表明一个即将形成的精英阶层很快融入了青铜时代更广大的社会群体中。

1978年，研究人员在巨石阵沟渠里发掘出了一座非同寻常的烧杯时期墓葬，它位于主入口的北端终点往回10米左右的地方。[3]在公元前2500年—前2000年的单人墓中，所埋之人绝大多数并非死于暴力，但此处是个罕见的例外。尸体以当时惯有的方式埋葬，双腿弯曲，一条手臂横过前胸。按照烧杯时期的埋葬方式，他的尸体并没有被小心入葬，人们只挖开了沟渠一半的填土就把他草草埋了进去。他的身边没有像寻常一样伴有烧杯罐，不过我们还是可以通过三个箭头判断出死者埋葬的年代。它们造型独特，带有倒钩和握柄，从三个不同方向插入他的身体，这表明他很有可能被三个不同的人分别射中，因为一个弓箭手很难如此迅速地重新装箭。还可以确定的是，箭头穿过他身体的时候骨头还没有腐化，因为其中一支箭的箭头仍留在他左边第四根肋骨里，那根肋骨直到现在都呈翘起弯曲状，看上去很是恐怖。[4]三支箭的箭头都不在原处了。

人们还在尸体的左侧手腕处发现了一件打磨精美的石质护腕，它提供了最为丰富的信息。护腕是弓箭手的基本装备之一，用来保护持有箭弓的手臂内侧不被弓弦反复弹到。尸体的放射性碳测年结果落在公元前2400年—前2140年。人们很容易将这座墓葬看作某种所有权的象征，因为它就位于主入口附近。在青铜时代的田野体系中，通道附近的沟渠里经常埋有尸体，人们认为这些尸体象征着某个特定的族群占有或耕种这块土地。[5]如果死去的弓箭手不是掌握着巨石阵入口的人，那么射中他的人就很可能是了。

对纪念性遗迹、土地乃至人群的掌控，自公元前2500年就不断显现出其重要性，这种影响不仅体现在巨石阵，还蔓延至整个史前欧洲。然而，事情不像一些人预料的那样，只关乎几个领主或大人物的权力上升，这一时期不列颠地区的人口稳步增长，原本就存在的部落社群正在一步步分化，形成阶级。使用烧杯陶器的人群掌控着金属加工，而新科技的到来无疑进一步加速了地方的集中和团结，小的社群被吸收进更大的组群，一起形成以地域为边界的部落联合。在多数情况下，这些新变化会带来更大的稳定性，也能够为巨石阵这样的大型工程提供更多劳动力。可是一旦发生冲突，情况可能比之前更糟糕，因为对立的社群同样变得更加团结自主了。

关于这些在巨石阵故事里越来越重要的社群，最近新发现的一处男性墓葬也许能提供一种全新的视角。此处墓葬同样伴有箭头，不过这一次尸体并没有被射中。2002年5月，人们在埃姆斯伯里外，巨石阵往南5千米的地方发现了一具男性尸体，年龄在35到50岁。这位男性很快被命名为埃姆斯伯里弓箭手，他周身伴有许多高规格的随葬品，其中包括15件质量上乘的燧石箭头、两件抛光精美的石质护腕以及至少5件完整的烧杯容器。[6]对墓葬进行放射性碳测年后，其年代落在公元前2470年—前2280年（几乎同巨石阵沟渠内的墓葬时代完全相同）。他的膝盖处放置了两件精美的篮状金耳饰。人们原本以为埋葬如此重要的人物时，他身边应该摆满专门制作、用来凸显其高贵地位的随葬品，然而，三件

同埃姆斯伯里弓箭手一起埋葬的15个质量上乘的箭头。

烧杯都明显有使用过的痕迹，很可能只是普通的日常生活用品。[7]

在上述墓葬旁边的一座独立墓葬中，人们还发掘出了一具年龄在25到30岁的男性尸体，并对其进行了仔细检查。这具尸体进一步证实了埃姆斯伯里弓箭手是一个家族中的成员，并且居住在整个社群之中。有人认为这个年轻男性是在墓主死后用来服侍他的人牲，可是他的随葬品尽管朴素得多，却也包含了两只金耳环，同那位年长死者佩戴的和放置在膝盖边的耳饰相似。因此，金耳饰肯定代表了什么，它们不仅是地位的象征，也是家族的标志。

在法医对两具骸骨进行鉴定以后，两者之间的关系才真正浮出水面。[8]结果显示两者的足骨都患有一种名为“双向非骨组织根骨舟状骨附合”的病症。这种病症会在几代直系亲属之间遗传，因此在死后世界陪伴着埃姆斯伯里弓箭手的很可能是他的儿子或弟弟。

在本章的最后，我们可以稍稍关注一下这两个人的生平与背景。人类的牙齿大都在童年时代就已经完全长成，其釉质所含的成分可以反映这个人在孩童时期饮用的水质如何。对两具骸骨牙齿釉质的分析显示，年长的那位生长于德国东南部或西部，而年轻的那位则在英格兰南部长大（他饮用的水来自白垩地层）。[9]这个发现至关重要，它证明了公元前2500年后显现出的新权力关系网并非凭空出现。其他证据显示，青铜时代初期人们的出行已经变得越来越普遍，那么新出现的烧杯文化可能涉及来自欧洲大陆的人群也就不足为奇了。这一往来过程才刚刚开始，并且还将持续几千年。不论是青铜时代、铁器时代还是罗马时期，不列颠的精英家族都会与欧洲大陆的地位相当的家族进行社会和贸易上的往来，其中通常都包含婚姻的缔结，这一点现在已经得到了普遍认可。当然，这种长距离结亲往往被视作奇异，甚至带了点神秘色彩。[10]

不过我们也不应该用当代的眼光去看待这一新精英阶层的兴起，他们并非商人，也不是高调的运动员，只是一群来自传统部落，深受家庭、婚姻以及其他纽带束缚的人。他们的成功自然会让本人荣耀加身，但主要的声望都会归于其所属的宗族或部落。巨石阵一直都与人有关，不过这种关联又被置于整个社会的结构之下。即便是在其修建的最后阶段，巨石阵关注的依然是社群的稳定与联结，而非单纯的控制或名声。

7

* * * * * *

后续发展：第四、第五阶段

（公元前 2100 年—前 1500 年）

现在我们来到了公元前2100年，进入青铜时代已有一百年。有证据显示，巨石阵的使用寿命要比绝大多数木石圈更长，而且从其周围墓地中的丰厚财富来看，它也一直保持了名望、权力以及影响力。自公元前2000年起，索尔兹伯里平原外的地貌经历了巨大的变化，大规模的田野开始出现在泰晤士河谷和英格兰东部等地。到公元前1500年，农业的集中化逐渐成了当地特色。随着人口的稳定增长，为其提供食物的需求最终导致巨石阵周围的墓地无可避免地让位于农业发展，我们将在下一章中进一步讨论。

巨石阵的仪式性景观已经成为不列颠地区最大的墓葬群。到这个时期，原本只属于不列颠铜器时代和早期烧杯文化的男性单人墓，已经逐步被同时埋葬有女人和孩童的较大墓葬所取代。

巨石阵内部的石头布局依旧维持原样。四百年前搭起的砂岩圈和马蹄形三石塔仍在使用，几乎没有变动，只是在砂岩圈更靠近内缘的地方又建起了新的蓝砂岩圈。在第四阶段（公元前2100年—前1600年），另一组呈椭圆形的蓝砂岩结构也在马蹄形三石塔内竖立起来。稍晚一些之后，这个椭圆形石圈东北端的蓝砂岩被挪走，只留下一个U字形结构，恰与其外围高出许多的马蹄形三石塔相互映衬。U字形的开口处对着主入口以及夏至日出的方向。

巨石阵外围一段沿着陡坡并向下前往埃文河的大道沟渠，在这一时期经历了再次开凿，但并没有完全被清除。[1]有人推测这次开挖的目的是“清理”发灰（有些地方是自然发灰）的白垩堤岸，它们原本被用来勾勒行进路线的边界，却因为草木生长变得不那么明显。这项工作看似微不足道，却也足以让我们认识到，从杜灵顿垣墙和巨木阵开始的行进路线以及巨石阵大道，依然是巨石阵体验中一个至关重要的组成部分。

巨石阵最后的改造发生在第五阶段（公元前1600年—前1500年）。除了早先在第四阶段建起的两座蓝砂岩建筑（圈状的以及内侧椭圆形的），近五百年里几乎都没有什么大的改变。但就在公元前1600年后不久，人们在砂岩圈和沟渠内堤岸之间的空地里发掘出了两圈灰坑，它们后来被称为Y洞和Z洞。

坦白说，Y洞和Z洞的作用是一个谜团。它们既不曾支撑过蓝砂岩，也没有支撑过木柱，事实上，它们在开挖后就被遗弃，随着自然风化慢慢地被填埋。其中的沉积物很可能是从附近的新田里吹进来的，而这片田地现在已经变为耕田。20世纪20年代，霍利在几个Y洞和Z洞里发掘出了鹿角，放射性碳测年结果显示其中的一部分相当古老。[2]还有一件事不同寻常：许多洞的底部都有蓝砂岩（以及砂岩）的碎片，阿特金森教授在20世纪50年代提出，这些碎片很可能是放置在此处的祭品。[3]现在的史前学者恐怕也都勉强同意阿特金森的推断，即Y洞和Z洞原本要承接另一组蓝砂岩，只不过后来没有实现。为了兴建这座非凡的史前遗迹，一套社会组织制度和基础设施逐渐发展起来，但它们此时正在迅速走向衰落，Y洞和Z洞的弃置便能证明这一点。

不过，若是把巨石阵主要构件常年的稳定不变，等同于巨石阵本身及其周围仪式性景观的不复使用，那就大错特错了。其中的逻辑恰恰相反，正是因为通过其主要构件，死者灵魂从生之国度被送往祖先国度成了一种被普遍接受的方式，它的改建速度才逐步减缓。因此，人们不再将注意力放在巨石阵的细微调整上，而是把更多精力投入仪式本身，当然还有在巨石阵周围景观中建起的大大小小几百座新墓冢。约有350座青铜时代的墓葬在世界遗产名录的保护范围内，[4]我们先来快速了解一下这片景观中某个独特的地方正在发生着什么。

我们现在还能从巨石阵看到诺曼顿唐墓葬群，它是环绕着巨石阵盆地的低垄之一，在不远处清晰地排成一列。我在第二章中已经提到过，它在巨石阵沿着至日点方位向南的延长线上，并因此同巨石阵联系在一起。这条延长线顺着一条眉形山脊排列，后者自南向东融入了诺曼顿唐。部分圆冢在200年前已由两位先锋考古学家威廉·坎宁顿和理查德·柯尔特·霍尔爵士进行过发掘，最近一个很有意思的研究项目也将其作为主要的研究对象。[5]整个墓葬群有超过20座墓冢，看似随意却又紧密地排列成一行，其中4座都伴有特别丰厚的随葬品。墓葬中的男性尸体都被直接放在地上，呈蜷伏姿态，膝盖曲起，手臂放在胸前，而随葬品无一例外都放在这些男性尸体的旁边。每具尸体旁还有制作精良的金属制品，比如青铜或黄铜制成的短剑、小刀还有斧子，其中多数都饰有握柄。另外，尽管布料和皮革都已经腐烂，但我们还是能够从留存下来的收腰带、束腰外衣、拴扣、珠子以及其他装饰看出，尸体在下葬时身着华服。

其中一处墓葬尤为显眼，墓主显然是个位高权重的人物。这座灌木墓中放有两把（也可能是三把）剑柄装饰繁复的短剑、一柄斧子、两个钻石形状的金扣子（可能是为了将斗篷在胸前扣紧），还有一件精美的金带钩罩。这些金饰均带有平行的线状凹痕，进一步提升了金子本身的光泽。最重要的是，人们还在灌木墓里发现了一件打磨别致的石质棒头，它通过一个青铜盖子同棒身连在一起，棒身中间还嵌有三圈锯齿形骨质装饰。木质棒身没有留存下来，据估计有45厘米长。它的装饰十分精致，无疑是一种仪式用具，而非棍棒或武器。

诺曼顿唐的墓葬群可以追溯到公元前1850年—前1700年，在巨石阵的时间序列里处于较晚的时期，大约落在第四阶段的第二小段，据我们所知，此时巨石阵的改造已经完全停止了。

或许你会以为，最后阶段的巨石阵已经无法给现代观众带来更多惊喜，可事实恰恰相反。在几块主要石头的表面，人们发现了100多个浅浅的史前时代凿坑。当广受欢迎的巨石阵神殿逐渐走入尾声时，这幅景象恰能让我们对整个仪式和参与其中的人有所了解。我相信，在文字还没有出现的时代，这样的刻痕和两千多年前精心打磨过的石斧有着同样的意义。也许最好的表述是，它们就像中世纪以及之后，为那些埋葬在地窖或坟地里的人竖立在基督教堂中的石碑，只是年代更早而已，而巨石阵的多数墓穴都像灌木墓那样位于土坟之下，散布在巨石阵周围的景观之中。

很长时间以来，人们都认为这些石头上的刻痕由古往今来的游客留下，作为到此一游的纪念，[6]可是真相却有些出乎人们的意料。

1953年7月初，某个夏日午后的茶歇时间，理查德·阿特金森教授正准备拍摄南边三石塔的第53号石上一处不寻常的17世纪刻文（由一个名叫约翰内斯·卢多维克斯的人留下）。[7]阳光落入的角度堪称完美，正要按下快门的那一瞬间，他突然注意到在人名的下面及周围有一些更浅的刻痕。就如同奇迹时刻一般，他迅速辨认出那是青铜时代早期的短剑和几把平斧*留下的痕迹，因为它们都是弧形刀锋朝上。

这一发现引发了对更多刻痕的搜寻，在此后的几年里，人们总共发现了44处。英格兰历史遗产保护局近期采用激光扫描技术又发现了71处斧头刻痕，使已知的刻痕总数达到了115处。[8]另外，人们在巨石阵中还发现了三处由青铜短剑留下的刻痕。迄今为止，绝大多数刻痕都由平斧留下，这些刻痕形式多样，其中绝大多数都能同已发掘的、现已被收藏进博物馆的金属制品相匹配。[9]规模最大的斧头刻痕位于砂岩圈中第4号石的外表面，不少于59道。这些刻痕大都位于石头的低处，人站立或是坐着就可以够到。没有一处刻痕在地表以下，这也证明了刻痕是在石头被竖立起来

* 平斧是青铜时代早期的典型工具，出现在公元前1500年之前。自此以后，斧头开始以各种不同的形状出现。

之后才留下的。刻痕所匹配的金属制品的应用年代也证实了这一点——在公元前1750年到前1500年，也就是砂岩圈和马蹄形三石塔竖立后的700年左右。[10]

巨石阵拥有不列颠地区迄今为止发现数量最多的斧子和短剑刻痕，不过在多塞特和苏格兰其实也有发现，均在不同种类墓葬所属的石头上，[11]因此刻痕确实与死者有关。

早先人们就曾有过猜测，这些金属制品留下的刻痕和教堂里刻痕的悼词不同，代表的应该是个人或单次事件。斧头的形状各式各样，极其丰富，似乎无意进行标准化统一。那时，金属加工还是很新的技艺，我们已经知道，高质量的金属制品同显要人物一起埋葬。从海上木阵的刻痕中我们可以得知，在这一时期人们同时使用着大量不同类型的斧子。[12]对现代人来说，这些斧子看上去都大同小异，可是对青铜时代早期的人来说，每一把斧子都有自己的特征——就像今天的汽车、自行车或手机一样。

这些刻意由不同斧子或短剑制造出的刻痕，可能就像能够在战场上迅速彰显一位骑士身份的中世纪盾徽一样。到了和平年代，盾牌上的设计就被放在大家族的壁炉之上，最后又出现在教堂的纪念碑上，显示逝者的身份。在识字率不高的社会，年轻人需要学会辨认上百个盾徽。我认为在巨石阵举办葬礼仪式期间或是在仪式之后，用斧子或短剑留下刻痕的行为应该同此很接近。换一种方式说，刻痕虽然由斧子或短剑留下，但它们代表的是个人和事件，告诉我们即便在公元前1500年后，快速衰落的巨石阵也一

小卡萨斯
大卡萨斯
“栅栏”
巨石阵

杜灵顿垣墙
巨木阵
杜鹃石
埃姆斯伯里42号
长坟
里石圈
埃文河
蓝砂岩阵

直在被人使用，而且这些人属于精英阶层。尽管命运的终点就要来临，但这绝不是什么被人遗忘的伤感结局，巨石阵虽逐渐被弃用，但其声望从未衰减。

上页图

巨石阵景观，约公元前1600年。

8

8

* * * * * *

巨石之后

巨石阵的衰落恰值不列颠史前时代中最重要的宗教社会行为变革阶段，我将这一时期称为“家庭革命”，因为在这一时期，像巨石阵这样将朝拜者从相对较远的地方吸引来的大型宗教圣地，逐渐被更小型的本地圣地关系网取代。新的遗迹通常位于河水、沼泽、湖泊、溪流和泉水附近。公元前1500年，这一祭祀的重心正在发生改变（最早可能在公元前1700年的几个地方已经开始[1]），一直持续到公元前1400年结束。我将这种新的仪式命名为“新秩序”，它主要围绕着献祭给水的物品展开，其中既有平常物件，亦有珍稀物品。新仪式此后也不曾中断，到公元43年罗马人入侵时达到鼎盛。这些铁器时代的仪式及其所包含的艺术品因此被贴上了“凯尔特”的标签。

新秩序中的祭祀仪式绝不是同以前的做法一刀两断。新神殿的作用是缅怀新近去世的人，而坟墓和木石圈沿着日出方向的排列方式现在转移到了人们的住房上，住房的正门几乎无一例外都面朝东南。许多农田体系的规划也都遵照夏天太阳从东到西的运动轨迹。不过到公元前1500年时，不列颠的景观已经成熟稳定，不再有林地和灌木丛的大规模扩张。

到了公元前2000年，农田体系开始在低地地区广泛传播开来，到了公元前1500年，这一发展进程已经颇有成效。[2]在尚未形成农田的区域，人们会用坟墓、堆石标或刻意的石刻标记等永久性标志来划分土地。不列颠的许多河流名称（例如泰晤士河）都有其

青铜时代后期巨石阵景观中的田野和农地。

凯尔特起源，这也能反映出它们曾经作为边界线的作用。[3]航空照片显示，在青铜和铁器时代，不列颠已经拥有成熟复杂的道路交通体系。

成熟的景观系统已然形成，本土的关系网自然会获得更加举足轻重的地位，而像巨石阵这样需要长距离跋涉的大型遗迹则渐渐失去了其吸引力。从长远来看，不列颠的史前时代在公元前1500年左右正从发展中阶段（这一阶段从中石器时代的早期阶段发展而来）迅速向发达阶段迈进，此时相隔遥远的人们不再需要通过仪式进行会面。[4]换句话说，随着人口不断增加，社会变得愈加协调稳固，地域性的社群开始共生，维持长距离的社会联系已经失去了必要性。到不列颠史前时代晚期，已经很难见到关于部落战争或是任何大规模人群参与活动的实证。不过，铁器时代倒是以许多山顶古城的遗迹闻名。只是山顶古城的本义“山上堡垒”（hillfort）恐怕会带来歧义，其字面意思似乎暗指不列颠的部落之间长期处于相互对战的状态，但大多数山顶古城只是部落的中心，其建造目的与其说是震慑敌人，不如说是向本地社群传递某种讯息。很多山顶古城甚至根本没有建造在丘陵地带，距离巨石阵最近的山顶古城——建造于公元前5世纪到前4世纪的维斯帕西亚营地，就是其中一例。[5]

公元前1500年以后，从生者之地前往祖先国度的仪式性旅程成了过去式。巨石阵的仪式性景观经历着迅猛的变化，曾经巨大的坟地现在成了生者的疆域，他们在那里开垦田地、种植谷物，还饲养家畜。

你大概会猜想，最早出现的农田规模一定很小，随意分布在一两座农场附近，可事实并非如此。不列颠拥有一部分欧洲北部最早的农田体系，而巨石阵周围的农田几乎全都布局规整有序。[6]田地的分布状况表明，每一位土地所有者（通常是一个家庭）都同时拥有较好、平常和较差的土地，因此，农田的分配不可能只涉及一两个农民，整个社群一定都投入其中。这也表明土地时常会被拉长，并呈直角状转向河流及其泛滥平原。在通常情况下，田地会处在墓葬之上，巨石阵景观亦是如此，这说明最早的规划在青铜时代早期就已经开始，这样的建筑在当时仍为人们所尊崇。[7]如今的土地规划也与早期的分配方式有关，因为游牧区被划分给不同的家族，而家族之间的领地和财产通过墓葬进行间隔。由于家族祖先受到普遍尊敬，他们所在的墓葬也具有重要的象征意义。因此巨石阵的田地并非突然出现，而是持续的地貌变化过程的一部分，最终体现了人口稳定增长的需求。

尽管过去的仪式性景观被新的农田村庄日益取代，但我们仍不能忽略巨石阵的存在。在这里，人们经常能发掘出青铜时代后期的陶器，[8]在较浅一些的土层中也发现了各式铁器时代的陶器，[9]甚至在自然堆积（也就是说，没有经过刻意回填）的层位中还经常能发现罗马时期的陶器——举例来说，在奥布里洞的上层填土中就有这样的发现。[10]时间进一步往前推，人们在第五阶段神秘的Y洞和Z洞的自然填土层中发现了撒克逊人的陶器，同时出土的还有许多罗马时期甚至中世纪的碎片。[11]这不禁让我们想起了“巨石阵”这个名字的起源，人们普遍认为它（stonehenge）源于两个古英语词（stan+hengen），字面意思分别是“石头”和“悬挂”。[12]许多人据此得出，“悬挂”必定是指巨石阵在外表上同绞刑架十分相似。不过今天大多数人都倾向于认为，“悬挂”是指楣石如同悬在空中的状态。[13]

多年以来，巨石阵对前去瞻仰参观的成千上万游客造成了怎样的影响？我们会在最后一章中讨论这个问题。现在我们还是继续把注意力对准这座遗迹留下的实物遗存，以及它们在公元前1500年之后的命运，因此我会总结一下各式各样的游客对巨石阵究竟产生了怎样不同的影响。如今在媒体上看到现代德鲁伊教团在夏至日当天加入到巨石阵仪式当中，已经不是什么稀奇事了，可是他们造成了怎样的伤害？史前时代后期，新农田的兴起又有何影响？开垦土地的人们是否将巨石阵作为采石场以获取石料？最后要问的是，考古学家呢？他们的出发点不错，可他们——或者说我们——的发掘是否扰动了遗迹本身？

像许多建筑师和工程师留下的不朽之作一样，巨石阵自建造之初就是为了震撼人心。也正如最近的这些建造者一样，竖立起巨石的人们为了达到震撼人心的效果，牺牲了建筑整体的稳定性。举个例子，人们想让砂岩圈的楣石坐落在尽可能高的位置，同时保持绝对水平，这就导致许多石洞都挖得太浅，一旦几块立石有所移动，楣石就会倒下来，而立石也就随之倾覆。[14]今天我们对历史遗迹那些毫不上心的修缮或改建已经习以为常，可史前时代的人似乎也会做出同样愚蠢的决定。在巨石阵的第三阶段，砂岩圈和马蹄形三石塔竖立起来后的一百年左右，有人决意在大三石塔的基座部分挖一个深坑。[15]没有人知道这么做的原因，不过在挖掘的过程中，这个坑导致了三石塔的塌陷。[16]

巨石阵后来经历的事情不太愉快，但也未必比其他重要的古代遗迹更糟糕。若是看看约克郡的熙笃会修道院留下的残骸，人们就会知道后代对前人留下的伟大建筑成就能有多么视而不见。英格兰遗产委员会在1995年出版了一套关于巨石阵的详尽研究报告，书中用了整整一个章节来详细介绍“青铜时代之后的使用与滥用”。其中的一些修整是为了预防进一步的腐烂和倒塌，[17]就比如立石中的大多数都曾在20世纪经过矫直，有几座还被重新竖立起来。[18]

对博物馆档案进行耐心的研究，的确能让人更了解使用、滥用以及保护这些古代遗迹的过往，不过遗迹本身也能提供一些内情和证据。得益于新的激光扫描技术，这些证据现在可以很好地显现出来。我们已经在前一章中看到，在英格兰历史遗产保护局对巨石阵进行了激光扫描研究之后，人们已知的青铜时代早期刻痕数量被提高了一倍多，但它同时也显示出了损坏的痕迹，其中一些很细小，另一些却十分明显。[19]

好的研究不应过于聚焦某一点，激光扫描也不例外。这次研究还对巨石阵中的每一块石头进行了仔细检查，结果表明，自史前时代就被竖立起来的这些立石绝大多数都完整或接近完整，而倒下来的石头则不是被劈开就是损坏了。尽管这些损坏可能在掉落时形成，但在六次有记录可寻的掉落中，只有一块楣石在掉落时遭到损坏，事实上，一些强有力的证据表明至少有八块掉落石头的大块残余部分被从遗迹处搬走了。研究还显示砂岩圈五块缺失的立石一度存在，只是被移走了——很可能是被敲碎后带走。[20]这些大块的残余部分可能会被重新打磨，用于房屋和农场的建造。

尽管砂岩圈的状况并不好，马蹄形三石塔的石头却基本完整。一些石头在掉落之后受到了游客极为严重的损害，但依然保持着相对的完整。蓝砂岩圈的绝大多数石头和旁边砂岩圈的石头一样，都曾遭遇过损坏和移除，不过马蹄形三石塔内的蓝砂岩基本完整无损。

游客们有时候只是不经意地用脚踩踏，就对石头造成了损伤，有时候他们会有意刻上自己的名字。激光扫描发现了44处明显的涂鸦，以及上百处较小的刻名留下的刮擦痕迹。伦敦圣保罗大教堂的建筑师克里斯托弗·雷恩爵士就将自己的名字（“I WREN”）留在了三石塔的第52号立石上。

另一种主要的破坏方式是将石片凿下一块，作为纪念品带回家，这一行径在19世纪达到顶峰。1871年，一位读者致信《泰晤士报》，抱怨说他在巨石阵的参观体验完全被人们对着石头敲敲打打的声响给毁了。[21]最近有一些游客踩在掉落的石头上，鞋子造成的磨损破坏了许多石头表面的信息，比如打磨的痕迹和一些较浅的刻痕。甚至还有人在石头旁燃起了烧烤的火堆，这听上去匪夷所思，但确有发生。[22]1978年，巨石阵周围设立了隔开游客的栅栏，因为在此之前时常有人顺走碎石块。最近一次有记录的破坏是在2008年，有人故意从脚跟石处拿走了一块碎石。[23]

在讨论了这一系列灾难之后，我们有必要大致回顾一下考古学家给巨石阵造成的伤害。伟大的考古学家莫蒂默·惠勒爵士说过一句很有名的话："在最好的情况下，发掘也不过是一种破坏。"[24]他指出，发掘和刻意破坏之间的唯一差别，就是前者最终会得出一份详尽的报告。可悲的是，对巨石阵的发掘并非完全如此。事实上，巨石阵的两位主要发掘者都只留下了篇幅很短的临时报告（撰写于每个发掘季结束之后）。他们甚至出版了相关的畅销书，却没有留下任何正规、深入且图示完整的最终报告。而他们留下的发掘笔记和田野日志也很简略，无法提供有效信息。在过去40年左右的时间里，掌控着巨石阵研究资格的权威们加强了研究的规范性，此前的情况基本不会再出现。但我们应该承认过去曾经发生过这样的情况，并确保以后绝不再次发生。

巨石阵的现代研究始于1901年威廉·戈兰德教授的一次示范性发掘，[25]他只打开了第56号石附近的几条小沟渠，但是他全方位记录了他的每一项发现，在很多方面都远远领先于他的时代——这件事运用今天的卫星测量技术就可以轻易办到。此外，他在第二年就迅速发表了完整的研究报告。[26]

第一次世界大战之后，人们意识到许多立石存在倾斜的情况，

威廉·戈兰德（左起第二位，戴帽子的男士）正在监管巨石阵第56号石的发掘，1901年。

需要调整或加固，而自19世纪以来用以支撑的多种木柱也显得不够雅观。调整工作之前的发掘始于1919年，一直持续到1926年，由陆军中校威廉·霍利主持。这一大型项目发掘了整个沟渠地带的大半部分，以及东南面内部的绝大多数地方。整个项目预算不高，霍利本人也因为工作环境的影响饱受健康问题困扰。至少在第一季的发掘中，一位出色的本地考古学家罗伯特·纽沃尔陪同他参与到项目中，帮助他绘图并记录整个发掘过程，不过罗伯特很快就由于资金的限制不得不退出。现场记录的质量后来被认为“在当时的条件之下质量颇高”。[27]话虽如此，发掘的对象毕竟是巨石阵，人们的期待必定更高，更别提整个项目还由伦敦古物学会和建筑工程部等部门监管和掌控。[28]项目的文字记录主要由霍利的发掘日记组成，随后被录入电脑并打印成册。来访的建筑工程部制图人员绘制了平面图，质量也很不错。[29]他的发掘记录清晰明了，所有发现都按照0.1平方米的大小和一定深度记录在案，还留有完整的照片档案。较好的发现被保存在索尔兹伯里博物馆和大英博物馆里，其余的发现都被重新埋进了“霍利之墓”，也就是在遗迹南面他自己的营帐旁挖的十个灰坑里。不过这次发掘没有最终报告，我们只能看到《古物杂志》（*Antiquaries Journal*）上的七篇临时报告，发表于1921—1928年的每个发掘季结束之后。每篇报告大约20页长。考虑到遗迹保留下的其他文字记录，这几份报告当然聊胜于无，但其中也不乏谬误。[30]正常情况下，耗时很长又如此重要的发掘需要出版几卷厚厚的报告，每卷都应该在500页以上。

第二批主要的发掘集中在“二战”后的1950—1964年，由三位杰出的考古学家（其中两位是教授）主持，旨在解决霍利的工作遗留下的问题，后来还对一座倾斜的三石塔进行了矫直。可即便是以霍利早期的标准，这次留下的记录也很不完整。事实上，在1995年发表的一份概要中，研究人员总结了20世纪在巨石阵展开的发掘工作，并对其提出了严厉的批评：“1950—1964年的发掘没有留下任何书面的报告，就好像没有开展任何工作一样。”[31]平面图和图示也十分匮乏，甚至无法与霍利早年的工作相提并论。除了早期对两个奥布里洞有过简短的临时报告外（1952年），这段时间的发掘没有发表任何报告。[32]在整整14季的发掘之后，唯一出版的内容是阿特金森教授那套十分流行，而且质量也很高的记述，初版于1956年面世，1979年又进行了修改。[33]

后来又有过一些针对巨石阵的小规模发掘，这些发掘团队也出版了示范性的报告，但我们仍然缺乏关于巨石阵大道至少两个项目（1922年和1927年）的报告。1967年以后，考古工作才真正开始以高标准进行，留下了完整的报告、记录和档案。

我们可以说，考古学家在巨石阵的表现，比在不列颠任何其他的遗迹都要糟糕。可即便如此，由韦塞克斯考古学会和英格兰遗产委员会出版的《景观中的巨石阵：20世纪的发掘》（1995年）一书还是试图补救，打算从过去诸多备受瞩目的发掘失败中找出一些有价值的信息。在这一点上，他们迈出了勇敢又巨大的一步。[34]这本书提供了精准的平面图及其方位，还附有大量照片，也许它最大的成果就是建立了韦塞克斯考古学会巨石阵档案库，这座档案库坐落在索尔兹伯里博物馆内。[35]

值得欣喜的是，近期的研究及时提供了大量内容准确的报告，逐渐改进了我们对这座伟大遗迹的理解。巨石阵此刻才真正享有它应得的待遇：富于想象的研究和学术性的阐释。为了规范未来的研究，人们正在做出新的尝试，[36]以确保在这个瞬息万变的世界中，巨石阵能够继续代表并彰显不列颠的身份。因此，在最后一章中，我们将一同回顾在过去的四百年里，索尔兹伯里平原上这座非凡的史前遗迹，如何激发了艺术家、作家以及电影人无尽的创造力。

1877年在巨石阵举办的一个野餐会，其中左起第五个是维多利亚女王的儿子利奥波德王子（奥尔巴尼公爵），他正侧躺在地上。

9

* * * * * *

巨石阵的今天

巨石阵是一个“崇拜对象”（icon）。这个词在21世纪已经被用滥了，它的形容词形式“偶像的、图像的”更是无处不在，意味着比独树一帜或赚人眼球还要特别一点，尤其是在形容名人时。可是“崇拜对象”最初是指一种特殊的、通常是描绘圣家庭的基督教绘画，这样的画作被认为拥有超自然力，甚至会显现神迹。[1]从本质上来说，“崇拜对象”不仅仅是其画面表现出来的样子，还应有更深层的意味。今天巨石阵的图像被用于任何事物，从摇滚乐队“十年之后”（Ten Years After）的专辑《巨石阵》（1969年），到英格兰旅游宣传的手段，应有尽有，可这些还仅仅是冰山一角。

在过去的300年间，人们通过多种方式研究、思考并描述巨石阵，激发了大量学者的兴趣，可是还没有任何人试图将一切都整合起来，直到克里斯托弗·柴宾达尔出版了《巨石阵面面观》（*Stonehenge Complete*，1983）一书。[2]12年后，英格兰遗产委员会出版了对考古学证据的综合评述。在许多重要的方面，《巨石阵面面观》都为这份评述提供了补充。[3]

许多艺术家也难逃巨石阵的魔力。在过去，人们能够穿梭于巨石之间，行走在楣石之下，更容易感受到它的壮观。现代游客只能从外围参观，但依然难以忽视巨石非凡的存在。它们似乎在时光中兀自矗立着，我们越是了解其运输、打磨、建造和修饰的方式，它们在我们心中就越是神奇。作为人类成就的象征，巨石阵尤为完美，而这种完美的达成不需要任何读写能力，也并非某位天才建筑师的全局规划。在这一点上，巨石阵与罗马的圣彼得大教堂、凡尔赛宫或是近一些的布伦海姆宫等其他伟大的艺术或建筑杰作截然不同，它所代表的是尚不识字的族群的集体意识，而最后的结果却臻于完美。

在漫长的岁月中，游客们常常被巨石阵打动。作为一位先锋旅行者，塞莉娅·费因斯（1662—1741）在17世纪晚期到18世纪早期游览了英格兰地区的许多大型乡村别墅，并记录了她的旅行见闻。她保持了记日记的习惯，还撰写过回忆录，其文字在1947年全部得以出版。[4]这份记录使人们了解到当时一位受过良好教育的旅行者的内心所想。[5]费因斯的观察细致入微，她注意到巨石阵处在一片拥有丰富古代遗迹的景观之中，并为此感到震惊。[6]她还发现楣石通过榫眼固定，另外还存在一类独特的小石头。她提到了砂岩的坚硬程度，甚至怀疑这是一种像混凝土一样的人工石头。当时有一个说法，即没有人能够数两次巨石阵的石头之后还得出一样的结果。她试了，每次都数出“91”这个数字，这在当时算是相对准确的。

后来到达巨石阵的游客可就没那么理性了。另一位很有影响力的人物是阿尔弗雷德·沃特金斯，他对景观史所持的观点可以称得上是独辟蹊径，在著作《一条旧直道》（*The Old Straight Track*，1925）中，他以一种半神秘半想象的方式探索了不列颠景观的形成过程。过去许多学院派都认为这本书一派胡言，可今天我们不再给出如此严苛的评价。最近一位编辑就在指出这本书的许多事实错误后不无睿智地表示：“沃特金斯以全新的细节和深度让英格兰的景观再次散发活力，鼓励人们以新的方式观察，也给予人们新的理由行走。”[7]沃特金斯认为，石器时代的人会循着特定标志物以直线穿越未经开化的荒地，这种标志通常位于地平线之上。他将这些线称为“能量灵线”，而随着时间的推移，越来越多的古代遗迹在灵线之上及其附近陆续被建造起来。我们现在已经知道，在不列颠，几乎每0.16平方千米就有一座考古遗迹，因此其中一些能够以直线相连也不是什么值得大惊小怪的事。另外，史前景观的发展进程一定远比几条直线来得复杂。话虽如此，在多数家庭拥有更多闲暇时间、人们愿意开放乡村以接纳不断增长的城市居民的时代，他的假设的确激发了许多人探索景观历史的热情。

沃特金斯相信巨石阵处在三条能量灵线的交集处，其中一条沿着夏至日出以及大道（当时刚被发现）的方向；另一条则以南北坟以及车站石为标志，与月亮的运行方向相一致。[8]沃特金斯的理论以及其他类似假设的问题在于他们将景观视作一块白布，可景观从来都不是凭空出现的。我们已经在本书中看到，若不能将一切因素都纳入考量，我们就无法完全理解巨石阵这样的遗迹。直线和日月运动的确发挥了一定作用，但也只是整个错综复杂的故事中很小的一部分。

以巨石阵为主题的绘画，体现更多的则是艺术家个人的方法和灵感。伟大的建筑师伊尼戈·琼斯在研究了意大利罗马时期的建筑后，设计了伦敦最早的古典建筑之一——考文特花园的圣保罗大教堂（保存至今，值得一看）。据说他在设计时参照了巨石阵的比例尺度，只不过他以为那是罗马时期的遗迹。设计稿在他过世后不久的1655年发表，以一种完美的“理性”视角来看待巨石阵，就好像这座遗迹是按照罗马早期托斯卡纳柱式的设计图建造出来的一样。[9]为了达到完美的对称效果，琼斯还加入了一座新的三石塔。

至少自16世纪起，巨石阵就成为无数画家描摹的对象，不过其中最令人难忘的两幅都出自英国知名画家。第一位是约翰·康斯太勃尔。1820年7月15日，他在自己唯一的巨石阵之旅中画了一幅速写，1822年在自己的工作室里又画了一幅，两幅速写都得以保存至今。后来，基于这两幅速写，画家又创作了两幅水彩画，直到他参观巨石阵的整整15年后，最终成品才终于面世。在这幅作品的公开展览中，康斯太勃尔自己添加了一条注释，明确告诉人们他选择巨石阵作为创作主题的原因：“神秘的巨石阵独立于无边的遥遥旷野之上，与过往种种无关，也于现今世事无用，它能带你穿越所有历史的回响，直抵未知的深渊。”[10]

另一幅19世纪早期的知名画作是J. M. W. 透纳创作的一幅水彩画，于1828年问世，没有任何草稿或是习作留存。作为遗迹的图像记录，这幅作品远不及康斯太勃尔的那幅画来得精准，可是这一点却由其丰富的戏剧张力得到弥补。画面中风起云涌的天空突

下页图
《巨石阵》，由约翰·康斯太勃尔（1776—1837）在1835年创作，1836年在英国皇家艺术研究院展出。

降一道雷电，似乎正砍向前景中被惊醒的母羊群和才两个月大的小羊羔们。可是一边的牧羊人依旧熟睡，仿佛对迫近的暴风雨浑然无知。这幅画在当时引起了广泛的兴趣，著名的艺术评论家约翰·拉斯金就将其形容为“暴风雨的标杆之作”。[11]

除此之外，还有许许多多表现巨石阵的作品，但都很难与透纳和康斯太勃尔的这两幅作品相提并论，它们至今仍影响着人们对这座遗迹的想象。不过在20世纪后期，随着新技术的发展，艺术家和电影人开始有机会以出其不意的方式重现巨石阵。2005年夏至，我有幸受邀参与了由英国第五频道制作的电视“直播”纪录片。片中有一个用彩色泡沫聚苯乙烯块以等比例大小重建的巨石阵，因此得名“泡沫巨石阵”。一开始我以为这是在开玩笑，可来到现场后我的疑虑很快就消除了。由于听取了埃夫伯里博物馆前馆长迈克·皮茨博士的建议，整个重建几乎精确无误。尽管配色上有些许夸张，但复制的“泡沫巨石阵”清晰地表现出了两种石头之间的差异。蓝砂岩和砂岩就像刚刚采集出来的样子，是最为明亮的自然色。尽管复制品本身轻如鸿毛，但这些泡沫聚苯乙烯的“石头”的确显现出了这座遗迹的不凡魅力，也还原了一定的真实性。直播结束后，我确信这会是令我终生难忘的一次动人体验。

另一个以现代媒介重建巨石阵的例子就是名为《亵渎》（*Sacrilege*）的充气版本了，由透纳奖得主杰里米·德勒为2012年伦敦奥运会开幕式特别创作。当年7月，我们在彼得伯勒弗拉格芬的青铜时代遗迹迎来了这件复制品，眼见着它在一片草地上充气膨胀——这里曾有着英格兰已知最早的农田体系。这片农田大约在公元前2500年成形，与此同时，遥远的巨石阵正在竖立起巨石。

在巨石阵的现代故事里，最重要的发展恐怕是A344公路的关停，以及距离巨石阵西北面2千米外新游客中心（位于A360和B3086两条公路的交会处）的开张。这两件事是巨石阵发展史上重要的里程碑，自此人们可以在更广阔的景观地貌中欣赏巨石阵，再也不用被房屋、汽车和马车阻挡视线。建设的下一步骤是将邻近的A303干道隐藏进一条隧道，从而减小其噪声，只有在这项工作完成后，整个遗迹配套设施才能匹配巨石阵“世界遗产”的称号。[12]

新游客中心是一座风格独特的建筑，由登顿－科克－马歇尔建筑事务所设计，于2013年12月正式对公众开放。到次年12月的一年时间里，巨石阵共接待了130万名游客，比上一年增长9%，其中包括9月来访的美国总统贝拉克·奥巴马，他还被特许绕着遗迹中心漫步了一圈。新游客中心展示了在遗迹内部及附近发掘的古代物件及其照片，其中最值得注意的是对杜灵顿村庄的重建（见第五章）。中心外还展示了一块砂岩圈立石的复制品，石头立在一块木雪橇上，像是正在被搬运。游客可以推动雪橇，感受搬运20吨重量是怎样的体验，也可以只是欣赏巨石本身惊人的体量，这是绝对不同于远距离观看的直观感受。

近期的研究带领我们走过了漫长崎岖的旅程，让我们得以全面了解巨石阵以及建造巨石阵的史前人类。可是我们是否能够真正窥探这些人的内心所想，知晓他们以徒手之力推动20吨的巨石穿越马尔伯勒丘陵时的心路历程呢？换句话说，他们到底为什么要建造巨石阵？这是我在本书中试图解答的问题。的确，相比20年前，我们对新石器时代的社会以及当时人们的行为动机了解得更多了，可我们所知的就是事实的全貌吗？令人沮丧的是，即便再细致的发掘，也无法给出令人满意的答案。

* * * * * *

附录

附录 1 史前不列颠的重要时间节点

注：这条时间线包含了不列颠史前时代后期的某些重要节点，旨在为巨石阵的发展历程提供时间线索上的背景补充，其中还包括一小部分世界其他区域的重要节点（以*斜体*标出）。

约公元前 10900 年

末次冰川时期的最后一个冷相位开始。苏格兰、威尔士和英格兰的高地开始重新形成冰川。

约公元前 10500 年

日本绳纹时代开始。

约公元前 10000 年

伊朗农业起源。

约公元前 9000 年

印度农业起源。

约公元前 8000 年

南美安第斯地区开始种植土豆。

约公元前 9600 年

全球气温在 50 年内上升 10 摄氏度，海平面上升。

约公元前 9400 年

人类重返不列颠，之后融入欧洲大陆。

公元前 9300 年—前 8400 年

中石器时代遗迹斯塔卡（位于北约克郡）最早有人类定居。

约公元前 8000 年

耶利哥城墙的建造。

约公元前 6500 年

海平面不断上升，不列颠形成岛屿。

约公元前 6200 年

大型海啸席卷挪威、苏格兰部分地区以及英格兰北部。

约公元前 5500 年

欧洲大陆建起第一座堤道围场。

约公元前 4000 年

不列颠农业起源。

约公元前 4000 年

中美洲开始种植现代玉米的原型。

公元前 4000 年—前 3500 年
不列颠新石器时代早期。

公元前 3900 年—前 3800 年
不列颠第一座巨石墓葬的建造。

公元前 3800 年—前 3600 年
不列颠长坟的主要建造时期。

公元前 3800 年—前 3400 年
不列颠堤道围场的建造和使用时期。

公元前 3500 年—前 2900 年
不列颠新石器时代中期。

约公元前 3200 年
爱尔兰纽格莱奇墓的建造。

公元前 3200 年—前 1600 年
不列颠石圈时代。

公元前 2900 年—前 2500 年
不列颠新石器时代晚期。

公元前 3200 年—前 2800 年
早期或形成期木石圈的建造。

公元前 2900 年—前 1800 年
典型木石圈的建造。

公元前 2500 年—前 2200 年
不列颠铜器时代，也称铜石并用时代。

公元前 2200 年—前 1500 年
青铜时代早期。

约公元前 2000 年
不列颠开始发展农田体系。

公元前 1600 年—前 1046 年
中国商代。

约公元前 1500 年
墓葬、木石圈以及仪式性景观迅速衰落。

公元前 1332 年—前 1323 年
埃及图坦卡蒙法老在位。

公元前 1500 年—前 1000 年
青铜时代中期。

公元前 1000 年—前 800/700 年
青铜时代晚期。

约公元前 1000 年
第一批山顶古城的建造。

公元前 800 年—公元 43 年
铁器时代。

公元前 476 年—前 221 年

中国战国时代修建长城。

公元前 55 年—前 54 年

恺撒大帝两次入侵不列颠。

公元 43 年

克劳狄一世率罗马军队入侵不列颠。
史前时代终结。

附录 2 沟渠以及巨石阵的形成过程

我们在第三章中已经看到，现在学界普遍认可这一点，即对围合的沟渠及其堤岸的挖掘是巨石阵附近区域内最初的重要发展。直到今天，人们仍能通过一条围绕着巨石阵的浅浅低洼看出沟渠原来的样子，它也由此标志出遗迹的边界。现在人们将沟渠的挖掘视为独立事件，并根据放射性碳测年的结果，推断其发生在公元前3000年—前2900年，这个区间也标志着巨石阵第一阶段的开端。附录2就将围绕这一测年和独立事件的判定展开。

一般来说，采用沟渠底部的样本进行放射性碳测年，应该能够准确反映其挖掘的年代，但我接下来想要假设并论证的是，巨石阵沟渠并不是一条“正常的”史前沟渠，因为它的原型早在很久之前堤道围场的建筑传统中就已经出现，对此请见第二章中的描述。在不列颠甚至整个欧洲地区，研究人员发掘出了许多围绕着这些新石器时代早期堤道围场的沟渠，它们的特点就是频繁的重新开凿。我的想法是，对巨石阵沟渠而言，现在人们普遍认可的放射性碳测年结果，其实应该是它最近一次被重新开凿的时间。另外，我将通过考古学证据来证明巨石阵的最初规划并不是一次独立的事件，而是一个从公元前3300年甚至更早开始，延续了近五百年的过程。

另外还值得探讨的一点是，作为整座遗迹最早的特征，这条新开挖的沟渠不仅能为定年提供明证，应该也能为巨石竖立之前遗迹的用途提供一些线索。可惜的是，沟渠的大半部分都已经在1919—1926年经过了彻底发掘，其间所雇用的工人和技术人员在今天都绝对称不上合格。这次发掘几乎没有对沟渠中的土层分布进行绘制，不过留存下来的少数几幅绘图水准颇高。发掘者陆军中校威廉·霍利倒是留下了详尽而全面的日记，20世纪编撰巨石阵研究报告的工作人员也以此作为他们对早期发掘工作的评估材料。[1]他们翔实的报告给出了有力的证据，证明巨石阵不断开挖填埋沟渠的行为，同现代考古发掘在不列颠别处的堤道围场沟渠所观察到的行为存在相近模式。霍利本该察觉到这种相似性，毕竟亚历山大·凯勒自1925年开始的考古发掘，就在埃夫伯里向北32千米外的风车山。[2]

在比较不同地区的遗迹时，需要格外小心地归纳何为惊人的相似点，何为显著差异，切忌过于吹毛求疵。在这种情况下，魔鬼绝少隐藏在细节之处，全面比较才是最好的办法。因此，当我开始翻阅关于霍利发掘沟渠的出版资料时，我立刻就想到了自己在埃顿的堤道围场观察到的晚期沉积（见第二章）。可我总觉得哪里不太对劲，有些地方似乎并不一致。

我们在第二章中已经看到，埃顿沟渠的特点之一就是有一系列祭品或是人为造成的沉积，人们相信这象征了一个家族或宗族历史中的重大事件。在这座堤道围场两百年左右的活跃时期里，这些献祭品在风格和陈列方式上都发生了改变。我们可以根据土地中的明显差异划分出四个相对明显的阶段。[3]最近研究人员对不列颠的堤道围场重新进行了放射性碳测年，结果明确显示出埃顿的前三个阶段（1A—1C）时间都不长，但是它们一同构成了一个彼此相近却互相间隔的序列，其间没有任何断裂。这个序列相当精准，[4]每个阶段最多只存续了半个世纪，也就是两到三代人的时间。

埃顿的最后一个阶段（2阶段）开始于前三个阶段的一二百年后，不过其持续时间很难仅靠放射性碳测年结果确定。考古证据显示相较于前三个阶段，这个阶段遗迹的使用更趋于断续和偶然。

埃顿的堤道围场坐落在韦兰河的泛滥平原与东安格利亚沼泽的交界处。这里的海平面在公元前4000年前比现下略低一些，不过沼泽地已经开始逐渐形成，埃顿周围的地区也会定期经历洪水泛滥，尤其是在冬天。地下水位正慢慢上升，这也许可以解释为什么1A-1C这三个连续阶段的沉积保存得如此完整，也可以帮助我们理解为什么到公元前3000年时这里被完全遗弃，所有的仪式性活动则沿着马克西卡萨斯向马克西自然砾石岛高处的木石圈逐渐转移。

埃顿的沟渠最初似乎由一小群人负责开挖。某些地方的轮廓相当整齐，可能表明沟渠经历过反复的开凿。另一些地方的下断面很不规则，可能表明进行作业的是小范围人群，也许是一个家庭。[5]巨石阵沟渠的下断面和这里很相似，呈起伏状或有裂痕的区域更像灰坑，也更不规则。[6]同样，这也表明作业的应该是一个很小的群体。

埃顿地区1A阶段出土的献祭品或者说“人为制造”的沉积呈一个个明显的堆状，相互之间隔着一段距离。这些堆积沿着刚刚挖好的沟渠底部排成一排，其中包括完整的陶器、吃剩的骨头、人骨，以及其他骨头与陶器、燧石和鹿角的组合。尽管很难做到完全精确，但是沿着沟渠底部相间隔的祭品堆确实与沟渠最初开挖的一个个片段相一致。祭品的摆放位置也与断续持续到第二阶段（1B）的起伏和重新开凿相符，尤其是在沟渠的某一段三叶形片段边缘可以明显看到摆放着磨石的碎片。[7]放好每一段的献祭品之后，人们会用原本挖出来的砾石重新填埋沟渠。总而言之，在第二阶段，也就是1B，沟渠的重新开凿就没那么深了，但形状会更加规整。在1A阶段最早的沉积之后不久，1B和1C两个阶段的献祭与重新开凿也停止了。这可能是刻意为之，也可能是由于水平面上涨而不得不中止。

在最后一个主要的阶段（1C），最初挖掘的不规则形状被填补完整，新挖沟渠的底部又放上了新的祭品。这次的重挖比以往更窄更浅，祭品全都被放在中心排成一排，不再明显成堆，尽管有时候还是可以清晰地辨认出某一次的祭品或事件。[8]

从相互界定分明的单次献祭（1A）慢慢转向成排的连续祭品（1C），这种总体的变化趋势也在微观层面有所体现。在1A阶段，人的头部往往以完整的头骨或是头骨大小的倒转放置的圆底碗来体现，[9]可是到了仅仅100年后的1C阶段，人头便以骨头碎片来表现了，甚至有一处用的是一个网球大小、加工粗糙的海胆化石。[10]

简单来说，整体的变化趋势是从一条沟渠内相互隔开的独立献祭品，慢慢发展为重挖的浅沟渠内一系列较排列成行的较小祭品，前者有时看起来像一系列连贯的灰坑，后者形状更加规整，也更具备沟渠的形态。之后在2阶段，又发生了新的变化。

公元前4000年年末，埃顿地区变得越来越潮湿，因此其使用频率也不再像1阶段那样频繁。到现在为止，沟渠大都已经被填埋，但依然能够通过低地的堤岸清晰辨认，这一点同今天的巨石阵一样。因此，2阶段的沟渠被重新开凿为几条细窄的冲沟样式，祭品则松散地摆成几组，不再成排摆放。或许填完土的沟渠沉积又被重新开挖为更深的灰坑样式，这些深层的挖掘破坏和扰动了下层的1阶段祭品，其中一个灰坑被用来埋葬头骨以及原牛角。[11]晚期的祭品中常常包含鹿角及其碎片，还同1阶段一样有陶器，不过这个阶段使用的是一种不同风格的新器形，[12]被称为“细槽器”，这种器形在不列颠群岛上分布广泛，通常能在木石圈、奥克尼和巨石阵等仪式性遗迹中找到，不过在巨石阵，它仅存在于沟渠之中。[13]通过对照可以发现，在巨石阵中，无论是在为立石所挖的洞中发现的陶器，还是1—4阶段的其他特征，在风格上都显得更晚近一些。[14]这也表明重新开凿的时间应该更早，如果这不是沟渠的最初挖掘时间的话。

20世纪早期使用的发掘方法尽管远称不上完美，却也已经可以分辨出巨石阵沟渠内为数不少的祭品了。在主入口的西北方向处（后来才经由大道抵达），发掘人员在沟渠底部发现了两个有鹿角的沉积，而且都在灰坑样的扩挖处被当场焚烧过。西南方向的发现没有这么多，但是发掘者的日记曾记载在沟渠底部发现了原牛的角和巨型骨头。

沟渠内的其他祭品包括三组动物骨骼和半埋于填土内的一组鹿角。[15]还有证据表明祭品可能在古代遭到了扰动。在次级（非原始的）沉积中有一个鹿角锄头和白垩球，位于主入口西北方向沟渠扩挖的底部。[16]最后，在沟渠底部还发现了火葬的痕迹，[17]此处明显是一个人工制造的沉积。

我们很希望在埃顿沟渠内发现的是锄头、鹤嘴锄和铁铲等工具，而非我们自己使用的泥刀和锐口牙刮匙。在埃顿，每一段沟渠的发掘都要经历几个月的时间，所有的发现也都以三维方式记录下来，这是漫长而艰辛的工作。埃顿早期（1阶段）的祭品非常精细，虽然亚麻绳或桦树皮等物件都不可能在巨石阵干燥的土地中保存下来，可是有证据表明与之类似甚至更加细微的沉积曾经存在于此，白垩球就是其中之一。它们是否同埃顿的海胆化石一样象征着头骨呢？即便只是通过少数留存至今的局部绘图，也基本可以断定这条沟渠在古代已经被重新填埋过，正如埃顿的沟渠在每个子阶段之间经历的一样。[18]也许早期的沉积就是在重新填埋时遭到了扰动（埃顿没有出现这种情况，很可能是因为海平面上升的缘故）。

巨石阵沟渠内留存下来的祭品和埃顿地区2阶段的完全一致，尤其是在火葬墓、野牛头骨和为数很多的鹿角这几方面。但也有例外，像是在后来对主入口两端的扩挖，以及在东南段像灰坑一样蜿蜒的裂状低沟渠，都和埃顿最早阶段的非常相似。[19]人们可以在不列颠已经发掘的堤道围场中发现许多相似之处，但是北安普敦荆棘山多段式沟渠（被称为"悬臂"）的中心圈也同巨石阵沟渠的大小形状接近。[20]若要说有什么区别的话，那里灰坑样的裂状轮廓更为明显。荆棘山的发掘也很具挑战性，因为那里经历了多次复杂的重新开凿，这在沟渠中很常见，也为人们在整个遗迹内对土层进行相互关联时增添了极大的难度。[21]

人们现在普遍认为，堤道围场最初的开挖基于家族、部落或社群，以一种"集体作业"的方式进行。这样的公共项目可以吸引一个区域内的大批人群参与，从而使相隔遥远的社群团结到一起。这样的活动就好比现代乡村的活禽交易市场，具备一定的社会性，就我们所知，宴饮就是其体现之一。另外，在这样的宴会上安排婚姻，可以将相距很远的家庭联结在一起，以此避免可能的近亲结婚。考虑到许多沟渠段内的拓展都不长且形如灰坑，我们推测一开始参与堤道围场建设的人数应该很少。另外，也没有什么理由能认定沟渠经由一次性挖掘而成，更有可能的是，人们一开始只确定了大致的方向，不过和铁器时代山顶古城周围的沟渠或是中世纪的古堡不同，这个方向绝不是一个单独统一的样式。随着时间的流逝，沟渠的重挖段变得越来越长，这也表明参与进来的人越来越多，组织性越来越强。四五百年之后，这些劳动力发展到足够的数量，培养起良好的组织协调性，终于足以竖立巨石阵的那些立石和楣石了。

我认为，巨石阵沟渠的挖掘延续了堤道围场最后一个阶段的作业方式和传统，这一传统根植于早期以家庭或宗族为基础的社会结构，在公元前3700年—前3500年适用于小而分布广泛的社群。在公元前40世纪的中期，这种传统发展进化了，此时开始由部落而非单独的家庭输出劳动力，从而形成更大也更有组织的团体。若我们假设巨石阵沟渠最初的挖掘始于公元前3300年（这个断代同现有的放射性碳测年结果大体相近），那么他们遵循的应该就是早先的工作方式，只不过参与者更多。而沟渠最初开挖相伴的仪式应该也沿袭了之前的传统，因此沟渠的不同段落理应“代表”独立的部落或社群，每一段也应该和整条沟渠一样得到相应的重视。和现代考古学家不同，最初的建造者不会将沟渠视作一座“遗迹”，他们的态度可能更加复杂和矛盾。与此同时，他们对挖掘不同的段落以及之后的重挖又有很大的自主性。从以家庭或社群为基础的组织发展到更加集中控制的劳动力，至少要三百年时间，而且早期的情况可能持续了更久。譬如说，只在主入口西侧的沟渠内有祭品就是个很有趣的现象。如果整个工程高度集中统一，那么沟渠的每一侧都应该能找到同等数量的祭品。

巨石阵沟渠的布局和分段式结构，乍一看的确和堤道围场非常相似，那么它有没有可能是在多数堤道围场出现的时间，即公元前3700年—前3600年建造的呢？[22]对此有两个主要的反驳点。第一，较早阶段的新石器时代陶器具有十分鲜明的特点，这一点霍利很熟悉，因为我们知道在他挖掘这条沟渠的时候，附近风车山的堤道也同时在进行挖掘。即便他使用的方法有待商榷，他也不可能没有察觉到这一点，而在巨石阵之后的发掘中也没有发现任何同类器形。[23]第二，沟渠入口朝向至日点的设计在堤道围场中也是特有的，但这是一种在新石器时代中期的通道式坟墓和木石圈中新出现的特点，开始于公元前3500年的几百年后。[24]话虽如此，我们知道巨石阵似乎是沿着大道最后一段之下的底土细槽建造的，而那个时间正处于中石器时代。

在公元前3000年前不久的某个时刻，巨石阵开始出现一种全新的动力。正当人们的注意力逐渐转向巨石阵沿着至日点的方向排布时，在逐步变窄近乎堵塞的南边入口周围，一系列复杂事件才开始发生。在这个过程中，沟渠的反复开凿还在继续。最终，这个一开始只有相对较少的本地人群定期作业的特殊地点，逐渐发展成一个显著的据点。若真如我们推测的那样，沟渠从堤道围场演变而来，那么公元前3300年—前3000年的这几百年时间就是巨石阵开始获得其独特新身份的时期。

我们已经探讨过，用巨石阵沟渠内提取的样本做放射性碳测年，结果显示沟渠很有可能在公元前2900年前开始挖掘。另一条线索来自被沟渠所围绕的大型墓地中发现的三处火葬墓，从中提取的样本也显示出较早的年代，大约在公元前3300年—前2900年。[25]

如果说这些看起来让人摸不着头脑，原因之一可能在于我们广泛采纳的一种统计方法——贝叶斯网络建模技术，这种技术让我们可以使用采集的几个放射性碳测年数据，为不同的古代遗迹建立更为精确而可靠的时间序列。[26]在过去的20年间，这项技术在考古界的应用取得了巨大成功，然而这项技术的成立在很大程度上取决于找到土壤中的某个层位，与遗迹中已经确立的使用及终止年代相匹配。[27]一般情况下，这项技术的应用方式相当直白，但也有例外。贝叶斯网络建模技术刚刚应用于巨石阵遗迹的时候，人们还以为沟渠的挖掘就如同其他地区的木石圈一样，是一次性事件。但如果巨石阵与众不同呢？

我们已经知道，巨石阵属于最早的“形成期”木石圈之一，其沟渠也显现出与堤道围场明显的关联，它绝非一次性完成，而是由不同家族或往来群体分别挖掘一个属于自己的段落，其后才逐渐形成。人们通常认为，巨石阵沟渠最初的挖掘是某次单一事件或仪式的组成部分，但是至今还没有任何考古证据可以证实这一点。的确，在不同沟渠段存在的历史中，几乎不曾间断的反复开凿正是其主要特征，而且与几百年前在堤道围场的情况极其相似。尽管年代要晚一些，我们依然可以推测，沟渠不同片段的挖掘和重新开凿，是为了纪念某个家庭、家族或是群体的重要事件（譬如为一位长者的去世举办丧葬）。目前我们还无法推测，这样的小规模聚集会是由不同的社群相互协调形成。被沟渠围起来的地区里散布的大量火葬墓也是如此，其中的一些年代很早。在巨石阵初始阶段发生的一切都显示出一种地方的自治性，而非强有力的中心集权。

如果说巨石阵沟渠最初的挖掘和后续的反复开凿都不是一蹴而就的单次事件，那么贝叶斯网络建模技术所分析的放射性碳测年结果，就不可避免地会排除一些落在理论之外或者可能不存在的“事件”年份。这正是我觉得可能出错了的地方。在最初的形成期，巨石阵仍沿袭着早期*缺乏社群间协调的传统，精心规划的大型“事件”非常少见。这个阶段见证了沟渠片段开挖和反复开凿的过程，以及其作为火葬墓地的用途，有一些木质结构的定年也可以落到这个阶段。

至于何时转向社群间的更多协调配合，这一时间很难确定。奥布里洞的规整分布显示出了更大的控制力，可是石洞分布跨过了主干道这一事实又表明，沿着至日线方向的排布还没有得到重视和强调。另外，采集和收集蓝砂岩也是协调使用人力和土地的早期表现。需要再次强调的是，从地方到更加中心化的权力集中并不一定要在瞬间发生，事实上，可能存在不止一件事标志着这种转变。我们需要新的数据来澄清这一点——也许应该重新检验霍利曾发掘的、被扰乱的沟渠长度。

在本书中，我将巨石阵最早的、不那么正式的、较为自发的发展阶段（沟渠片段、火葬墓以及一些木质结构的挖掘），同我观察到更为正式的第一阶段区分开来，后者包括了沟渠的最后开凿、奥布里洞的挖掘，以及主干道沿至日点方向排布的修整工作。我

* 史前学者会将此称为新石器时代中期的传统，而巨石阵主要的建造和使用时期是在新石器时代晚期、不列颠铜器时代和青铜时代早期。

将前述的这一早期阶段称为“形成期”，并认为它们应该在公元前3300年左右，即第一次挖掘围合沟渠时已经开始。第一个正式阶段（第一阶段）则以对沟渠的最后开凿，以及对沿着至日点方向的东北入口通道的完善为标志。现有的放射性碳测年结果表明，这些事件可能开始于公元前2900年之前不久。

附录 3 地图

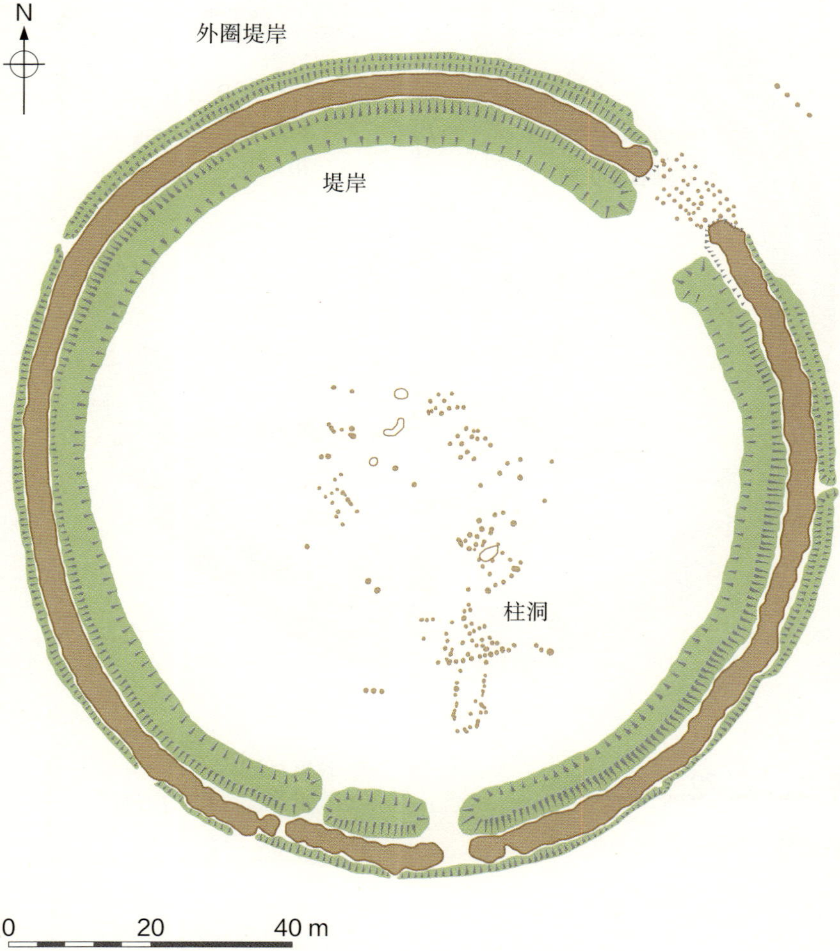

巨石阵第一阶段，约公元前 2900 年

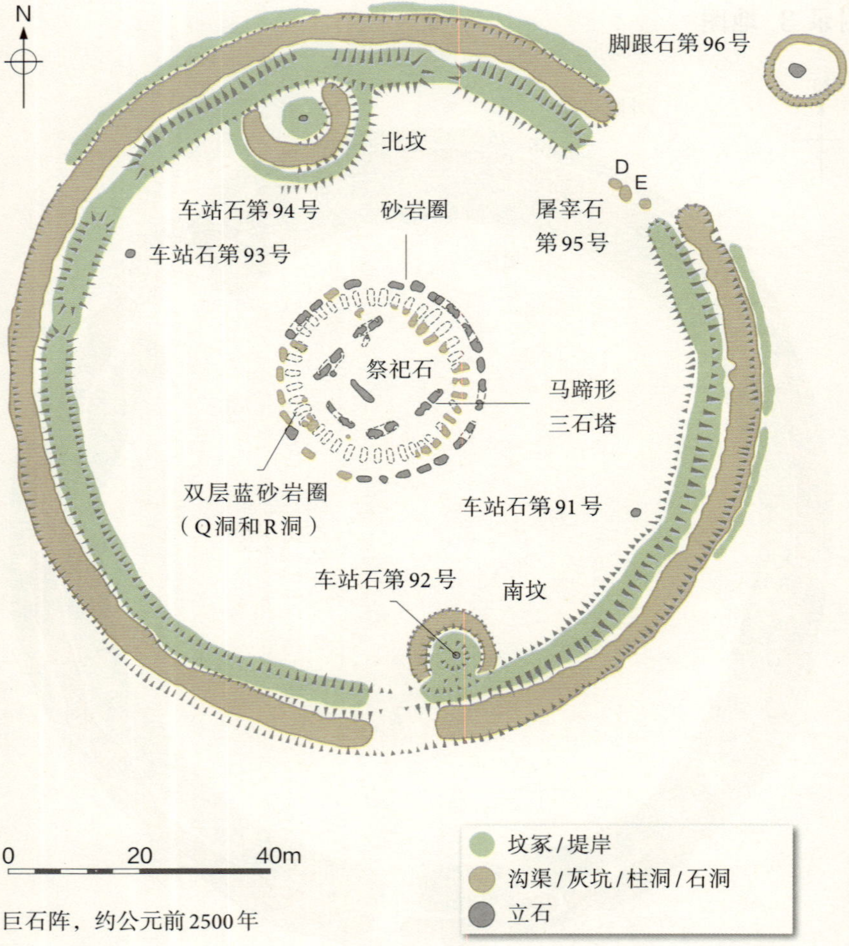

巨石阵，约公元前2500年

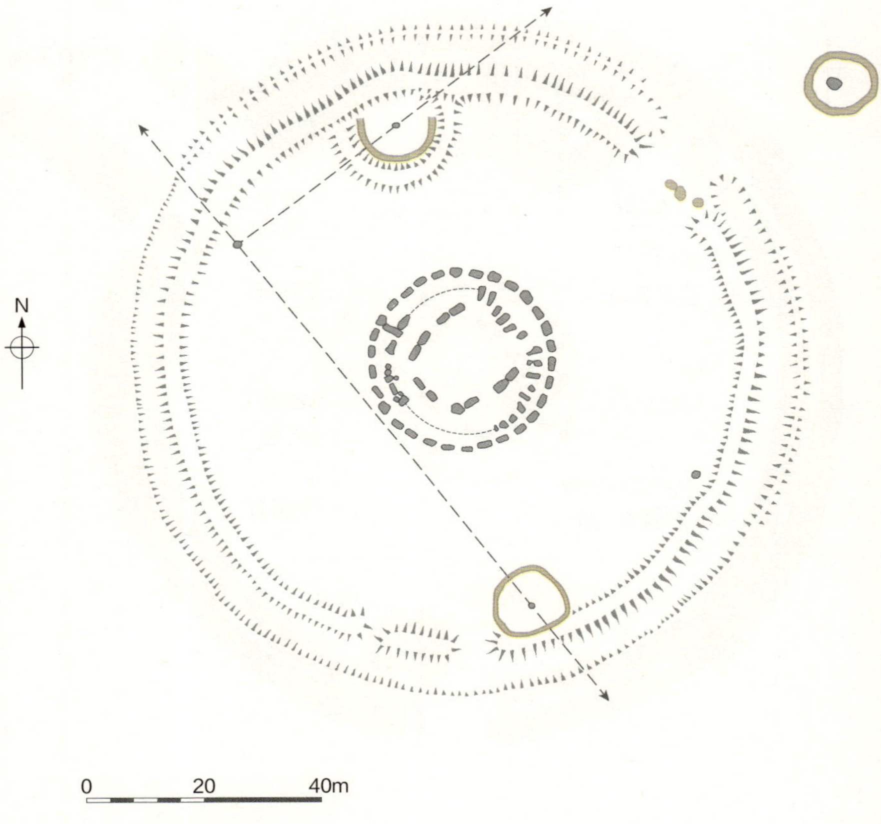

天文分布平面图
巨石阵，约公元前2620年—前2480年

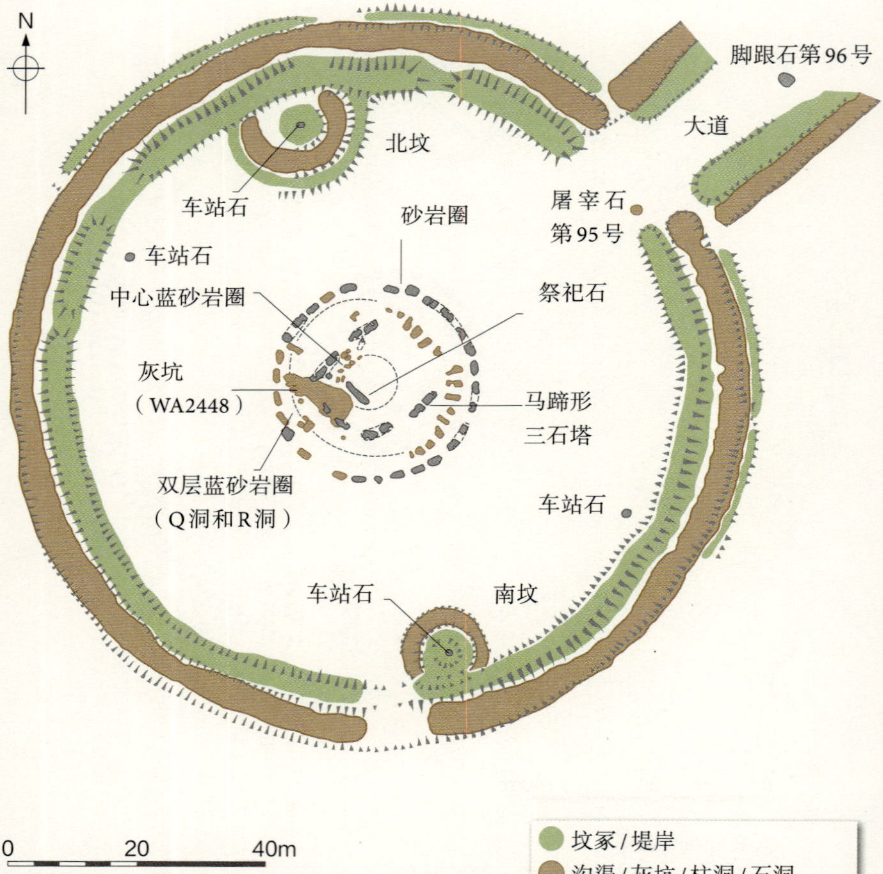

巨石阵第三阶段，约公元前2400年

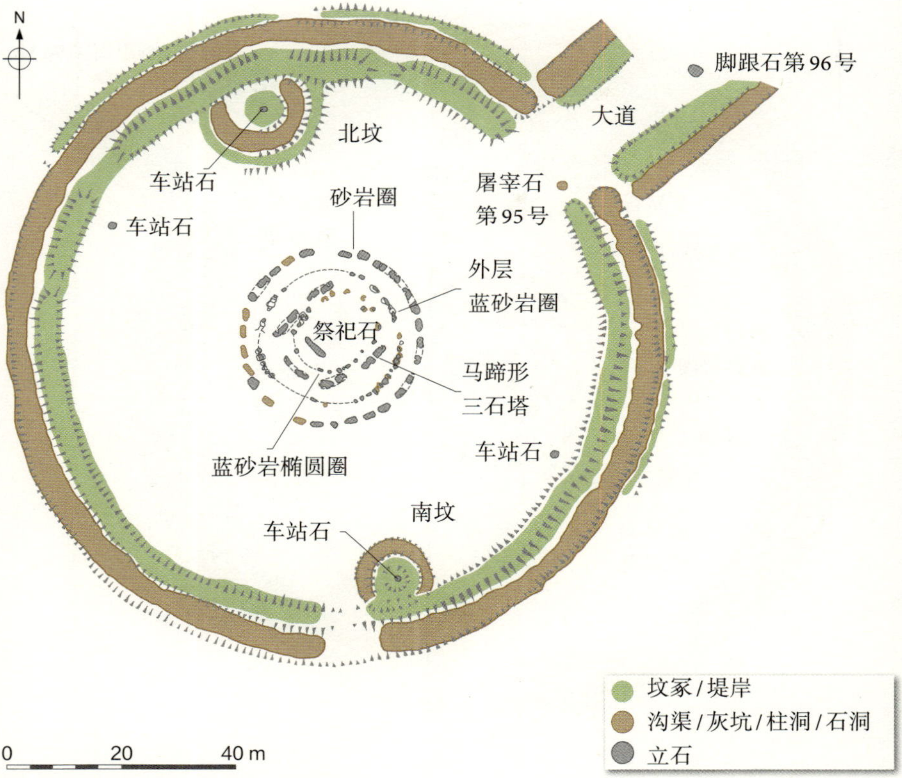

巨石阵第四阶段，约公元前2100年

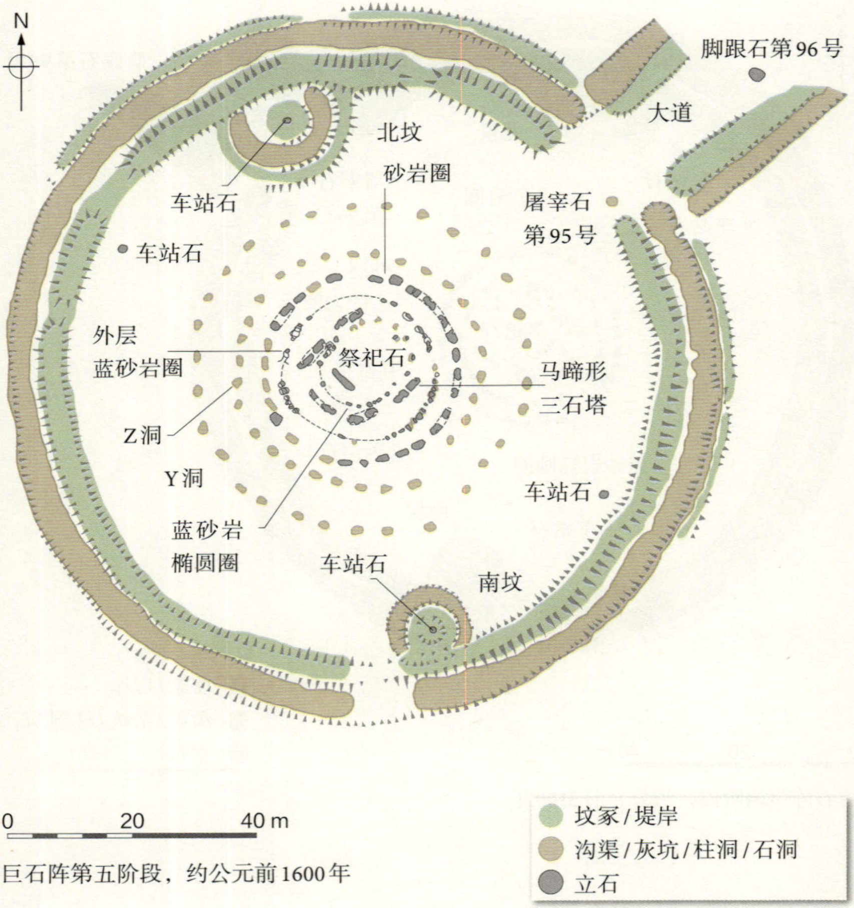

巨石阵第五阶段，约公元前1600年

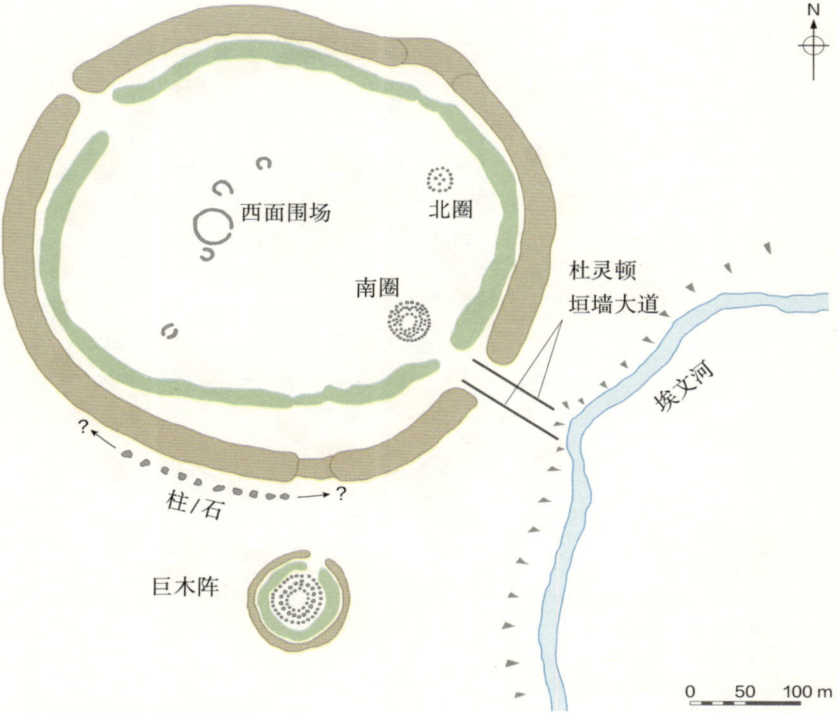
N
西面围场
北圈
南圈
杜灵顿
垣墙大道
埃文河
?
?
柱/石
巨木阵
0
50
100 m

巨木阵和杜灵顿垣墙

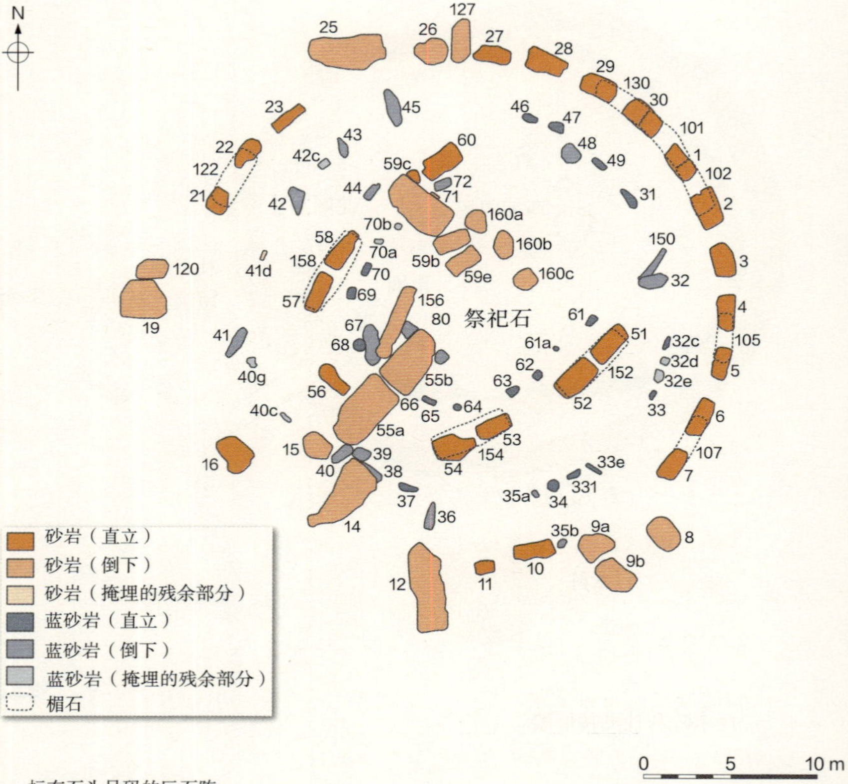
N
祭祀石
砂岩（直立）
砂岩（倒下）
砂岩（掩埋的残余部分）
蓝砂岩（直立）
蓝砂岩（倒下）
蓝砂岩（掩埋的残余部分）
楣石
0
5
10 m

标有石头号码的巨石阵

致谢

这本书的写作离不开迈克·帕克·皮尔森教授的帮助和建议。另外，我还要感谢乔希·波拉德博士阅读本书初稿，并提出了宝贵的意见，当然书中的谬误和缺漏都是我一人之责。宙斯之首出版社的非虚构出版总监，理查德·米尔班克，总是在我需要的时候给予我慷慨的指导，为此我心怀感激。我还要向以下这些人致以我的谢意：宙斯之首出版社的乔治娜·布莱克威尔和克莱门斯·雅克内特、文字编辑克莱尔·科克－斯达克、设计师伊桑巴德·托马斯，以及编辑索引的尼克·尼古拉斯。还要诚挚地感谢我的代理人，A.M. Heath的比尔·汉密尔顿。最后，向我的妻子梅茜献上由衷的感激，作为她的摄影助理，我难以忘怀索尔兹伯里平原上发生的一切，这也使得她在斯塔卡的木材研究陷入停滞，感谢她对我的迁就。

图片来源

p. 5 British Library Board/Topfoto;

pp. 32-33© aerial-cam 2007;

p. 53 Francis Pryor;

pp. 72-73 © aerial-cam;

p. 83 Francis Pryor;

p. 85 Francis Pryor;

p. 99 Francis Pryor;

p. 104 © Wessex Archaeology;

pp. 116-117 Jeff Edwards;

p. 123 © Wessex Archaeology;

p. 130 Wiltshire Archaeological and Natural History Society;

p. 133 Hulton Archive/Getty Images;

pp. 140-141 Wikimedia Commons.

注释

序言 巨石阵缘何重要

1. Bowden, M., Soutar, S., Field, D. and Barber, M. (2015), *The Stonehenge Landscape: Analysing the Stonehenge World Heritage Site* (Historic England, Swindon).
2. 位于这两个地点的仪式性景观可以与巨石阵的匹敌：奥克尼群岛中的梅恩兰岛，以及威尔特郡的埃夫伯里村庄附近。

导言 宗教、地貌、变革

1. Pollard, J and Ruggles, C. (2001), 'Shifting Perceptions: Spatial Order, Cosmology, and Patterns of Deposition at Stonehenge', *Cambridge Archaeological Journal*, Vol 11:1, pp. 69–90. Pollard, J. (2009), 'The Materialization of Religious Structures in the Time of Stonehenge', *Material Religion*, vol. 5, pp. 332–353.
2. Whittle, A., Healy, F. and Bayliss, A. (2011), *Gathering Time: Dating the Early Neolithic Enclosures of Southern Britain and Ireland*, p. 839 (Oxbow Books, Oxford).
3. Smith, Isobel (1965), *Windmill Hill and Avebury: Excavations by Alexander Keiller 1925–1939* (Oxford University Press).

第一章 末次冰期之后

1. Milner, N., Taylor, B., Conneller, C., and Schadla-Hall, T. (2013), *Star Carr: Life in Britain After the Ice Age* (Council for British Archaeology, York).
2. 历年来平均温度的波动表，参见 Scarre, C. (2005), *The Human Past: World Prehistory and the Development of Human Societies*, p.178, fig. 5.1 (Thames and Hudson, London).
3. 这一名字首次出现在以下文献中：Bryony Coles (1998), 'Doggerland: A Speculative Survey', *Proceedings of the Prehistoric Society*, 64, pp. 45–81.

4. Gaffney, V., Thomson, K., and Fitch, S. (2007), *Mapping Doggerland: The Mesolithic Landscapes of the Southern North Sea* (Archaeopress, Oxford).
5. 房屋和聚落的详细描述，参见 Conneller, C., Milner, N., Taylor, B. and Taylor, M. (2012), 'Substantial Settlement in the European Early Mesolithic: New Research at Star Carr', *Antiquity*, Vol. 86, pp. 1004–1020.
6. 1966年和1988年停车场扩建区域的发掘方案和分区，参见 Cleal, M. J., Walker, K. E., and Montague, R. (1995), *Stonehenge in its Landscape: Twentieth-Century Excavations*, pp. 42–7, Archaeological Report 10 (English Heritage, London).
7. Woodman, P. C. (1985), Excavations at Mount Sandel, 1973–1977, Archaeological Research Monographs No. 2 (Belfast).
8. Cleal et al. (1995) op. cit., Chapter 2.
9. 由巨石阵河岸项目的组织者撰写的非学术书籍，参见 Professor Mike Parker Pearson (2012), *Stonehenge: Exploring the Greatest Stone Age Mystery* (Simon and Schuster, London). 近期他还出版了一本更为精练且配图丰富的书：Mike Parker Pearson (2015), *Stonehenge: Making Sense of a Prehistoric Mystery.* Archaeology for All series (Council for British Archaeology, York).
10. Josh Pollard, pers. comm.
11. 'Early Mesolithic Cemetery', PAST (Newsletter of the Prehistoric Society), no. 69, p. 6 (November, 2011).
12. Parker Pearson op. cit. (2012), p. 236.
13. Jacques, D., and Phillips, T. (2014), 'Mesolithic settlement near Stonehenge: excavations at Blick Mead, Vespasian's Camp, Amesbury', *Wiltshire Archaeological and Natural History Magazine*, vol. 107, pp. 7–27. See also 'Blick Mead's Mesolithic home comforts', Current Archaeology, issue 310 (2016), p. 11.
14. Ibid., p. 23.
15. Ibid., p. 8.

里程碑文库

本文库由未读与英国宙斯之首联手打造，邀请全球顶尖人文社科学者创作，撷取人类文明长河中的一项项不朽成就，深挖社会、人文、历史背景，串联起影响、造就其里程碑地位的人物与事件。作为读者，您可以将文库视为一盒被打乱的拼图。随着每一辑新书的推出，您将获得越来越多的拼图块，并根据自身的兴趣，拼合出一幅属于您的独特知识版图。

第二辑

贝多芬与《英雄交响曲》：浪漫主义交响乐的开端

回顾天才音乐家的坎坷人生，奏响英雄主义与人类手足之情的赞歌

奥林匹亚：古代奥运会与体育精神的起源

再现古代奥运会的真实场景，重温世界级体育盛会的千年沧桑

哈德良长城：罗马帝国的荣光与文明世界的尽头

走近罗马帝国规模最大的建筑遗址，还原“文明与野蛮”的残酷真相

玄奘与丝绸之路：东西文化交流的传奇之旅

重走丝绸之路，在全球皆通途的时代，再次用脚步丈量玄奘的伟大

巨石阵：神秘的史前遗迹与考古迷思

拨开历史与传说的迷雾，深度挖掘史前人类的建筑奇迹

第一辑

2020 年 5 月
已上市

大英博物馆：第一座公众博物馆的诞生

读懂大英博物馆的“前世今生”，反思人类文明成果的“正确”收藏方式

光之城：巴黎重建与现代大都会的诞生

看百年前的巴黎，如何从污水横流、疾病丛生之地一跃成为梦幻之都

英国皇家学会：现代科学的起点

加入世界上最负盛名的科学学会，与牛顿、达尔文、霍金一起为真理而奋斗

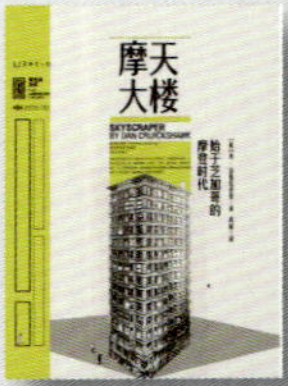

摩天大楼：始于芝加哥的摩登时代

重返 19 世纪的芝加哥，见证摩天大楼怎样改变现代城市

格尔尼卡：毕加索的愤怒与人类战争反思

深度解析毕加索旷世名作的来龙去脉，用艺术对抗人类的悲剧

陶瓷：粘连文明的泥土

遍寻三千年陶瓷演变历史，领悟东西文明的碰撞如何改变历史进程

里程碑文库 THE LANDMARK LIBRARY

人类文明的高光时刻
跨越时空的探索之旅

第二章　巨石阵的“仪式性景观”

1. Pryor, F. M. M. (2001) *Seahenge: A Quest for Life and Death in Bronze Age Britain* (HarperCollins, London). 权威报告参见 Brennand, M., and Taylor, M. (2003), ‘The Survey and Excavation of a Bronze Age Timber Circle at Holme-next-the-Sea, Norfolk, 1998–9’, *Proceedings of the Prehistoric Society*, vol. 69, pp. 1–84.
2. Pryor op. cit. (2001), fig. 24, p. 241.
3. Robertson, D. (in press), ‘A Second Timber Circle, Trackways and Coppicing at Holme-next-the-Sea Beach, Norfolk: Use of Salt- and Freshwater Marshes in the Bronze Age’, *Proceedings of the Prehistoric Society.*
4. Lock, G. and Stancic, Z. (eds.) (1995), *Archaeology and GIS: A European Perspective* (Routledge, London).
5. Pryor, F. M. M. (2003), *Britain BC: Life in Britain and Ireland Before the Romans*, pp. 235–69 (HarperCollins, London).
6. Bradley, R. J. (1992), ‘The gravels and British prehistory from the Neolithic to the Early Iron Age’ in Fulford, M. and Nichols, E. (eds.), *Developing Landscapes of Lowland Britain. The Archaeology of the British Gravels: A Review*, pp. 15–22 (Society of Antiquaries of London, London). 首次引发关注的文章：Royal Commission on Historic Monuments (1960), A Matter of Time (HMSO, London).
7. Bradley, R. J. (2000), *An Archaeologyof Natural Places* (Routledge, London).
8. Pryor, F. M. M., and French, C. A. I. (1985), *Archaeology and Environment* in the Lower Welland Valley, Vol 1, East Anglian Archaeology Report No. 27 (Cambridge).
9. Richards, J. C. (1990), *The Stonehenge Environs Project*, English Heritage Archaeological Report No. 16 (Historic Buildings and Monuments Commission for England, London). 更通俗的书籍：Richards, J. C. (1991), *English Heritage Book of Stonehenge*, (Batsford, London).

10. Richards, op. cit. (1990) pp. 40–61; fig. 97.
11. 巨石阵卡萨斯的两端各有一个巨大的灰坑，很可能是早期工程。Josh Pollard, pers. comm. Cleal et al. (1995) op. cit, fig. 33,
12. pp. 57–8.
13. Pryor, F. M. M. (1998), Etton: *Excavations at a Neolithic causewayed enclosure near Maxey, Cambridgeshire*, 1982–7, English Heritage Archaeological Report No. 18 (London).
14. Whittle, A., Healy, F., and Bayliss, A. (2011), *Gathering Time: Dating the Early Neolithic Enclosures of Southern Britain and Ireland*, pp. 324–5 (Oxbow Books, Oxford).
15. Smith, I. F. (1965), *Windmill Hill and Avebury: Excavations by Alexander Keiller*, 1925–1939 (Oxford University Press).
16. Thomas, N. de L. W. (1964), 'The Neolithic causewayed camp at Robin Hood' s Ball, Shrewton.' *Wiltshire Archaeological and Natural History Magazine*, vol. 59, pp. 1–27.
17. Whittle et al. (2011) op. cit., pp. 200–3.
18. Parker Pearson, M. (2012) op. cit., pp. 138–41.
19. Pollard, J. and Reynolds, A. J. (2002), Avebury: *The biography of a landscape*, pp. 81–3, fig. 27 (Tempus, Stroud).
20. "巨石阵栅栏"从公元前1800年开始建造，它形成的巨大闭合围住了诺曼顿唐墓葬群和巨石阵，也因此凸显了两者之间的内在联系。

第三章　巨石之前 I：形成期

1. Oppenheimer, S. (2006), *The Origins of the British*, pp. 197–280 (Constable, London); Pryor, F. M. M. (2003) op. cit., Chapter 5 (with refs).
2. For example, Cleal et al. op. cit. (1995), figs. 40 and 42.
3. Mike Parker Pearson pers. comm. 这是修正之后的测年结果，原本的数据见 Parker Pearson op. cit. (2012), pp. 191–2.
4. Josh Pollard, pers. comm.
5. Cleal et al. op. cit. (1995), figs. 67 and 68.
6. Ibid., p. 147 (C13, WA 2380).
7. Ibid., pp. 150–2.

8. Pryor op. cit. (1998), pp. 98–9; fig. 102, F360, F645.
9. Ibid., pp. 366–8.
10. Parker Pearson op. cit. (2012), plan p. 44.
11. 我想在这里解释一下巨石阵各个阶段的年代划分。本书中的划分法大致基于帕克·皮尔森2015年出版的著作（曾在之前的注释中提到过），但是做了一些微小的改动。形成期是新增的。沟渠的重新挖掘时间太难界定，因此我将以下两件事作为第一阶段的开始：奥布里洞的挖掘，以及蓝砂岩的填入。这就使得第一阶段的开始时间改为公元前3000年。奥布里洞的挖掘时间基于32号洞的放射性碳测年结果，即公元前3080年—前2890年（Parker Pearson, pers. comm.）。

第四章　巨石之前Ⅱ：第一阶段

1. 这一遗迹目前由英国国民信托负责打理。
2. Parker Pearson op. cit. (2012), pp. 292–302.
3. Ibid., p. 295.
4. Ibid., pp. 150–5.
5. Cummins, W. A. (1974), 'The Neolithic Stone Axe Trade in Britain', *Antiquity*, Vol. 48, pp. 201–5.
6. Sahlins, M., (1974), *Stone Age Economics* (Tavistock Publications, London).
7. Bradley, R. J. (2000), *An Archaeology of Natural Places* (Routledge, London).
8. Atkinson, R. J. C. (1979), Stonehenge (Penguin, Harmondsworth).
9. Richards, J. C. (1991), *English Heritage Book of Stonehenge*, p. 55 (Batsford/ English Heritage, London).
10. Parker Pearson, M., Pollard, J., Richards, C., Schlee, D. and Welham, K. (2015), 'In search of the Stonehenge quarries', *British Archaeology*, 146 (Jan/ Feb), pp. 16–23.
11. 西班牙语的"四月节"：*Feria de abril de Sevilla*.
12. Brennand and Taylor op. cit. (2003).
13. From, John *Aubrey's Monumenta Britannica;* quoted in Cleal et al., op cit. (1995), p. 94. 有人认为约翰·奥布里注意到的石洞并非如今的奥布里洞，参见 Pitts, M. W. (1981),

'Stones, pits and Stonehenge', Nature, vol. 290, p. 47. 乔希·波拉德(pers.comm.)表示，1666年是炎热干燥的一年(这也是伦敦大火快速蔓延的原因)。由于土地龟裂，奥布里洞更容易被看作是地面的斑块，也就是考古学家所称的"干痕"。

14. Table 10 in Cleal et al., op. cit. (1995). 上述图表显示，在霍利发掘过的32个奥布里洞中，24个石洞都含有火葬的痕迹。
15. 放射性碳测年的对象是32号洞内部的火葬墓。Parker Pearson pers. comm, November, 2015.
16. Parker Pearson op. cit. (2015), p. 79.
17. Cleal et al., op. cit. (1995) fig. 93. It could have been broken in antiquity (ibid., p. 194).
18. 以下书目含有对这一发现的详细叙述：Parker Pearson op. cit. (2012), chapter 15.
19. Ibid., p. 228.

第五章　巨石来了：第二阶段

1. Richards, op cit. (1990) and Cleal et al. op. cit. (1995).
2. 以下两篇文献提到了这一理论：Parker Pearson, M. and Ramilisonina (1998a), 'Stonehenge for the ancestors: the stones pass on the message', *Antiquity*, vol. 72, 308–26; Parker Pearson, M. and Ramilisonina (1998b), 'Stonehenge for the ancestors: part 2', *Antiquity*, vol. 72, 855–6.
3. Cunnington, M. E. (1929), Woodhenge (Simpson, Devizes).
4. Wainwright, G. J and Longworth, I. H. (1971), *Durrington Walls: Excavations 1966–1968* (Society of Antiquaries, London).
5. Parker Pearson op. cit. (2012) p. 157.
6. Abbott, M. and Anderson-Whymark, H., (2012) *Stonehenge Laser Scan: Archaeological Analysis Report*, Research Report No. 32 (Historic England, London).
7. Ibid., pp. 18–21.
8. Maisie Taylor pers. comm. Brennand and Taylor, op. cit. (2003), table 2; p. 65.
9. Abbott. and Anderson-Whymark op.

cit. (2012), pp. 21–4.

10. 20世纪时，砂岩圈和马蹄形三石塔的一部分立石曾被重新竖立起来，或被矫直。Cleal et al. (1995), Chapter 2.

11. Abbott and Anderson-Whymark op. cit. (2012), p. 50. 地表遗迹的对称，往往以地基过浅为代价，这也是许多立石常常倾斜或倒塌的原因。参见 Parker Pearson, op. cit. (2015), p.111.

12. Abbott and Anderson-Whymark op. cit. (2012), p. 50–1.

13. Chippindale, C. (1983), *Stonehenge Complete*, p. 79 (Thames and Hudson, London).

14. Ibid., Chapter 14 – 'The Moon Behind the Megaliths'. A wonderful title!

15. Hawkins, G. S. with White, J. B. (1965), Stonehenge Decoded (Delta Books, New York).

16. Chippindale op. cit. (1983), p. 221.

17. Parker Pearson op. cit. (2012) plan p. 47. 其他的解释，参见 Chippindale op. cit. (1983), pp. 221–3.

18. Parker Pearson op. cit. (2015), pp. 26–7.

19. Atkinson op. cit. (1978), pp. 58–61; fig. 3 (centre).

20. 这里也在逐渐被发掘。Pryor, F. M. M. (2010), *The Making of the British Landscape*, pp. 521–2 (Penguin, London).

21. Parker Pearson op. cit. (2012), Chapters 3 and 4.

22. Ibid., Chapter 5.

23. 我对这个村庄的描述，参见 Pryor, F. M. M. (2014), *HOME: A Time Traveller's Tales from British Prehistory*, pp. 107–13, 115–7.

24. 关于杜灵顿村庄和巨木阵的更多介绍，参见 Parker Pearson op. cit. (2015) and (2012), chapters 5–7.

25. Pryor, F. M. M. (1984), *Excavation at Fengate, Peterborough, England: The Fourth Report*, Royal Ontario Museum Monograph 7/Northants. Archaeological Society Monograph 2, fig 16 (Northampton and Toronto).

26. Parker Pearson op. cit. (2015), p. 51.

27. Craig, O. E., Shillito, L-M., Albarella, U., Viner-Daniels, S., Chan, B., Cleal, R., Ixer, R., Jay, M.,

Marshall, P., Simmons, E., Wright, E. and Parker Pearson, M. (2015), 'Feeding Stonehenge: cuisine and consumption at the Late Neolithic site of Durrington Walls', *Antiquity*, 89, pp. 1096–1109.

第六章　由生到死的旅程：第三阶段

1. 这排新发现的柱洞的图片，参见 http://www.lbiarchproimagery. at/stonehenge2015; 杜灵顿垣墙大道的图片，参见 Parker Pearson op. cit. (2015), pp. 51–6.
2. Parker Pearson op. cit. (2012), p. 222.
3. Evans, J. G. (1984), 'Stonehenge –The Environment in the Late Neolithic and Early Bronze Age and a Beaker-Age Burial', *Wiltshire Archaeological and Natural History Magazine*, vol. 78, pp. 7–30.
4. Ibid., figs. 13 and 14.
5. Pryor, F. M. M. (1980), *Excavation at Fengate, Peterborough, England: The Third Report*, pls. 4 and 12 (Royal Ontario Museum/Northants Archaeology, Toronto and Northampton).
6. Fitzpatrick, A. P. (2002), ''The Amesbury Archer': a well-furnished Early Bronze Age burial in southern England', *Antiquity*, Vol. 76, No. 293, pp. 629–30.
7. Cleal, R. M. J. (2011), 'Pottery', in Fitzpatrick op. cit. (2011), pp. 140–54.
8. McKinley, J. I. (2011), 'Human Remains (graves 1236 and 1289)', in Fitzpatrick op. cit. (2011), pp. 77–87.
9. Chenery, C. A. and Evans, J. A. (2011), 'Isotope Analyses', in Fitzpatrick op. cit. (2011), p. 87.
10. Josh Pollard, pers. comm.

第七章　后续发展：第四、第五阶段

1. Cleal et al. op. cit. (1995), pp. 307–11.
2. Parker Pearson op. cit. (2012), pp. 311–2; Cleal et al. op. cit. (1995), pp. 356–65.
3. Atkinson, op. cit. (1979), p. 84.
4.Parker Pearson op. cit. (2012), p. 347.
5. Needham, S., Lawson, A. J. and Woodward, A. (2010), ''A noble

group of barrows' : Bush Barrow and the Normanton Down Early Bronze Agecemetery two centuries on' . *Antiquaries Journal,* vol. 90, pp. 1–39.

6. 游客常常会对遗迹造成巨大的损害，这也是人们如今只能在外围观赏巨石阵的原因。这里有一份遗迹被游客毁损的详细记录：Abbott and Anderson- Whymark op. cit. (2012), pp. 42–7.
7. Cleal et al. op. cit. (1995), p. 30. Atkinson op cit. (1979), p. 44.
8. Abbott and Anderson-Whymark op. cit. (2012), p. 26.
9. See, for example, Pearce, S. M. (1983), *The Bronze Age Metalwork of South Western England*, 2 vols., British Archaeological Reports, British Series Vol 120; Moore, C. N and Rowlands, M. (1972), *Bronze Age Metalwork in Salisbury Museum*, Plate VI (Salisbury Museum); *Harbison, P. (1969), The Axes of the Early Bronze Age in Ireland* (Beck, Munich).
10. Abbott and Anderson-Whymark op. cit. (2012), p. 37.
11. Ibid.
12. Brennand and Taylor, op. cit. (2003), pp. 82–4.

第八章　巨石之后

1. Pryor, F. M. M., op. cit. (2014), p. 169.
2. Pryor, F. M. M. (2006), *Farmers in Prehistoric Britain,* 2nd Ed. (Tempus, Stroud); Yates, D. T. (2001), 'Bronze Age Agricultural Intensification in the Thames Valley and Estuary' , in Brück, J. (ed.), *Bronze Age Landscapes: Tradition and Transformation,* pp. 65–82 (Oxbow Books, Oxford); Yates, D. T. (2007), *Land, Power and Prestige: Bronze Age Field Systems in Southern England* (Oxbow Books, Oxford).
3. Thames（拉丁语为 Tamesis）：古凯尔特河名，可能意为“暗河”。与其词根相同的河流包括 Thame (three examples), Team (Durham), Thame (Bucks) and Tamar (Devon–Cornwall). Mills, A. D. (1991), *A Dictionary of English Place Names,* p. 324 (Oxford University Press).
4. 发达阶段包括青铜时代后期和铁器

时代。

5. Cunliffe, B. W. (2005), *Iron Age Communities in Britain*, 4th Ed., pp. 355–7 (Oxford University Press); Hunter-Mann, K. (1999), ‘Excavations at Vespasian’s Camp Iron Age hillfort, 1987’, *Wiltshire Archaeological and Natural History Magazine,* vol. 92, pp. 39–52.
6. 朱利安 · 理查兹在其富有新意的景观研究中绘制了这些农田，参见 Richards, op. cit (1990), fig. 160.
7. Ibid., p. 279.
8. E.g. Cleal et al. op. cit. (1995), p. 334.
9. Ibid, p. 434.
10. 在奥布里洞中发现的陶器，参见 Ibid., pp. 99–101; 罗马时期的不列颠陶器，参见 Ibid., p. 435.
11. Ibid., p. 260.
12. Mills, op. cit. (1991), p. 311.
13. E.g. Parker Pearson op. cit. (2015), p. 125.
14. Cleal et al. op. cit. (1995), p. 205.
15. Parker Pearson op. cit. (2015), p. 33.
16. Cleal at al. op. cit. (1995), p. 339.
17. Ibid., Chapter 8.
18. Ibid., fig. 188.
19. Abbott and Anderson-Whymark op. cit. (2012), pp. 38–47.
20. Ibid., p. 39.
21. Pitts, M. W. (2001), *Hengeworld,* p. 82 (Arrow Books, London).
22. Abbott and Anderson-Whymark op. cit. (2012), pp. 45–7.
23. Ibid., p. 44.
24. Quoted from Wheeler, R. E. M. (1956), *Archaeology from the Earth*, p. 15 (Penguin, Harmondsworth).
25. 后续提到的巨石阵早期研究，大多参考自 Cleal et al. op. cit. (1995), Chapter 2.
26. Gowland, W. (1902), ‘Recent Excavations at Stonehenge’, *Archaeologia*, vol. 58, pp. 37–105.
27. Cleal et al. op. cit. (1995), p. 13.
28. 如果读者认为本书对霍利的发掘项目评价过于苛刻，柴宾达尔在《巨石阵面面观》一书中，曾将评价霍利的章节（第12章）命名为“对半侧巨石阵的破坏”。
29. Cleal et al. op. cit. (1995), pp. 12–15.
30. Ibid., p. 15.

31. Ibid., p. 19.

32. Atkinson, R. J. C., Piggott, S. and Stone, J. F. S. (1952), 'The excavation of two additional holes at Stonehenge, and new evidence for the date of the monument', *Antiquaries Journal*, vol. 32, pp. 14–20.

33. Atkinson op. cit (-).

34. Cleal et al. op. cit. (1995).

35. Ibid., appendix 9.

36. Darvill, T. (2005), *Stonehenge World Heritage Site: An Archaeological Research Framework* (English Heritage and Bournemouth University, London and Bournemouth).

第九章 巨石阵的今天

1. "icon"一词源自希腊语的"eikon"，意为"图像"。

2.《巨石阵面面观》一书的推荐语极为精准：关于巨石阵这座世界上最了不起的遗迹，所有重要、有趣、奇异的东西，不管是写过、绘制过还是想象的内容，都可以在本书中找到。

3. Cleal et al. op. cit. (1995).

4. 该书在1982年还发行了一套精彩的插图版。参见 Morris, C. (ed.) (1982), *The Illustrated Journeys of Celia Fiennes*, c.1682–c.1712' (Webb and Bower, Exeter).

5. 我们知道她曾读过威廉·卡姆登1586年出版的《不列颠志》(*Britannia*)，这本书以郡为单位，对境内的景观和历史遗迹进行了调查，被认为是不列颠第一部严肃的考古学研究著作。17世纪时，这本书经过了较大的修改和扩充，她读的应该是后来的英语版本（第一版为拉丁语）。Ibid., p. 27.

6. Ibid., pp. 42–3.

7. Alfred Watkins (1925), The Old Straight Track, new introduction by Robert Macfarlane (2014), p. xxiv (Head of Zeus, London).

8. Ibid., figs. 104 and 105.

9. 1655年设计稿发表背后的复杂故事，参见 Chippindale op. cit. (1983), p. 278, n.17.

10. Ibid., p. 105.

11. Ibid.

12. 这项工程引起了一定的争议，最

近的问题参见 Hill, R. (2015), ‘The Battle of Stonehenge’, The Oldie, issue 324, pp. 26–8.

附录二 沟渠以及巨石阵的形成过程

1. Cleal et al. op. cit. (1995), pp. 65–94.
2. Smith op. cit. (1965), p. xx.
3. 这四个阶段分别被称为1A阶段（最早）、1B阶段、1C阶段和2阶段（最晚）。Pryor op. cit. (1998), pp. 18–19; Chapter 12; Chapter 16.
4. Cleal et al. op. cit. (2011), fig. 6.32. 现在想来，因为采用了贝叶斯网络建模技术，这三个阶段可能被过度划分了。实际上，我们很难完全确定土层所处的阶段。
5. For example, Pryor op. cit. (1998), figs. 39, 43–4.
6. For example, Cleal et al. op. cit. (2011), figs 44–7.
7. Etton ditch segment 9, layer 3. See Pryor op. cit. (1998), figs 39–41.
8. 这种现象在9号沟渠段的第2层可以看得很清楚。在这里，重新挖掘的痕迹较浅，它的边缘标记出了沉积所在的位置。(ibid., figs. 37–8).
9. 在丹麦的赛普堤道围场发现的倒放圆底碗，被认为代表了人类的头部。Andersen, N. H. (1997), *Sarup vol. 1: The Sarup Enclosures,* fig. 262, p.225 (Aarhus University Press).
10. 关于海胆化石，参见 ibid., figs. 33–5.
11. Ibid., pp. 47–8.
12. Ibid., p. 49.
13. Compare Pryor op. cit. (1998), fig. 206 with Cleal et al. op. cit. (1995), fig. 194.
14. 多为烧杯时期和青铜时期。参见 Cleal et al. op. cit. (1995), figs. 195–8.
15. 关于动物骨骼，参见 Ibid, p. 71; for the antler, ibid., p. 87 (C26, Section 26.5).
16. Ibid., p.74 (segment 99).
17. Ibid., p. 83 (section C18.3: 1269).
18. See, for example, ibid., p. 83, p. 87, p. 91 (Newall’s drawing).
19. 在平面图中，可以清晰地看到裂状低沟渠的蜿蜒形态。Ibid., p.81 and the photograph (ibid., p. 93).
20. Bamford, H. M. (1985), *Briar Hill: Excavations 1974–1978* (Northampton Development Corporation,

Northampton).

21. Ibid., pp. 7–9.

22. Whittle et al. op. cit. (2011), p. 694.

23. 在沟渠的堤岸处，人们发现了新石器时代早期素面陶器边缘部分的碎片。Cleal et al. op. cit. (1995), p. 60.

24. 例如在埃顿，已知的三处主入口就大致朝向北面、东面和西面。

25. 三处火葬墓的测年结果分别落在公元前3340年—前2940年、公元前3330年—前2920年、公元前3310年—前2910年，数据由迈克·帕克·皮尔森提供。

26. 这一技术以其发明者命名：18世纪的统计学家兼牧师，托马斯·贝叶斯（1702—1761）。

27. 感谢乔希·波拉德提醒了我这一点。

译名对照表

人名

A

阿尔弗雷德·沃特金斯 Alfred Watkins

奥尔巴尼公爵 Duke of Albany

B

比尔·汉密尔顿 Bill Hamilton

D

大卫·雅克 David Jacques

J

杰弗里·温莱特 Geoffrey Wainwright

杰拉德·S. 霍金斯 Gerald S. Hawkins

杰里米·德勒 Jeremy Deller

J. M. W. 透纳 J. M. W. Turner

K

克莱尔·科克—斯达克 Clare Cock-Starkey

克莱门斯·雅克内特 Clémence Jacquinet

克劳狄一世 Emperor Claudius

克里斯托弗·柴宾达尔 Christopher Chippindale

克里斯托弗·雷恩爵士 Sir Christopher Wren

L

拉米尔 Ramil

拉米里索尼纳 Ramilisonina

理查德·阿特金森 Richard Atkinson

理查德·柯尔特·霍尔爵士 Sir Richard Colt Hoare

理查德·米尔班克 Richard Milbank

利奥波德王子 Prince Leopold

罗伯特·纽沃尔 Robert Newall

M

迈克·帕克·皮尔森 Mike Parker Pearson

迈克·皮茨博士 Dr Mike Pitts

麦茜·泰勒 Maisie Taylor

莫德·坎宁顿 Maud Cunnington

莫蒂默·惠勒爵士 Sir Mortimer Wheeler

N

尼克 · 尼古拉斯 Nick Nicholas

Q

乔希 · 波拉德博士 Dr Josh Pollard

乔治娜 · 布莱克威尔 Georgina Blackwell

S

塞莉娅 · 费因斯 Celia Fiennes

T

托马斯 · 贝叶斯 Thomas Bayes

W

威廉 · 卡姆登 William Camden

威廉 · 戈兰德 William Gowland

威廉 · 霍利 William Hawley

威廉 · 坎宁顿 William Cunnington

威廉 · 斯蒂克利 William Stukeley

Y

亚历山大 · 凯勒 Alexander Keiller

伊尼戈 · 琼斯 Inigo Jones

伊桑巴德 · 托马斯 Isambard Thomas

约翰 · B. 怀特 John B. White

约翰 · 奥布里 John Aubrey

约翰 · 康斯太勃尔 John Constable

约翰 · 拉斯金 John Ruskin

约翰内斯 · 卢多维克斯 Johannes Ludovicus

Z

朱利安 · 理查兹 Julian Richards

地名、遗迹名

阿伯丁 Aberdeen

埃顿 Etton

埃夫伯里 Avebury

埃科菲斯克 Ekofisk

埃姆斯伯里 Amesbury

埃文河 River Avon

奥布里洞 Aubrey Holes

奥克尼群岛 Orkney Islands

巴尔福德 Bulford

贝克汉普顿大道 Beckhampton Avenues

勃列克米得 Blick Mead

博因河 River Boyne

布里斯托尔海峡 Bristol Channel

布伦海姆宫 Blenheim Palace

杜灵顿垣墙 Durrington Walls

多格兰 Doggerland

芬格特 Fengate

风车山 Windmill Hill

福里克斯敦 Flixton

格雷莱克 Greylake

海滨霍姆 Holme-next-the-Sea

海上木阵 Seahenge

卡恩 · 戈多格 Carn Goedog

考文特花园 Covent Garden

科尼布里石圈 Coneybury Henge

克兰伯恩蔡斯 Cranborne Chase

克雷格 · 罗斯—伊—费林 Craig Rhos-y-felin

兰代尔 Langdale

洛克瑞奇迪恩村庄 village of Lockeridge Dene

马尔伯勒丘陵 Marlborough Downs

马克西卡萨斯 Maxey Cursus

梅恩兰岛 Mainland

纽格莱奇墓 Newgrange

诺曼顿唐 Normanton Down

普雷塞利丘陵 Preseli Mountains

赛普 Sarup

什鲁顿 Shrewton

圣保罗大教堂 St. Paul’s Church

斯塔卡 Star Carr

索尔兹伯里平原 Salisbury Plain

瓦什沼泽 Wash Fenlands

威兰峡谷 Welland Valley

韦塞克斯 Wessex

韦兰河 River Welland

维斯帕西亚营地 Vespasian’s Camp

西埃姆斯伯里木石圈 West Amesbury henge

锡尔伯里丘 Silbury Hill

熙笃会修道院 Cistercian abbeys

专有名词、机构名称

艾尔斯岩 Ayers Rock

斑点粗粒玄武岩 spotted dolerite

贝叶斯网络建模技术 Bayesian modelling

车站石 Station Stones

大卡萨斯 Greater Cursus

登顿—科克—马歇尔建筑事务所 Denton Corker Marshall

地形测量局 Ordnance Survey

多塞特卡萨斯 Dorset Cursus

弗拉格芬 Flag Fen

干痕 parch marks

皇家艺术研究院 Royal Academy of Arts

建筑工程部 Ministry of Works

脚跟石 Heel Stone

巨石阵河岸项目 Stonehenge Riverside Project

巨石阵隐秘景观项目 Stonehenge Hidden Landscapes Project

巨石阵周边项目 Stonehenge Environs Project

“巨石阵栅栏” Stonehenge Palisade

蓝砂岩 bluestone

流纹岩 rhyolites

伦敦古物学会 Society of Antiquaries of London

罗宾汉球 Robin Hood’s Ball

木石圈 henge

砂岩漂砾 sarsen

双向非骨组织根骨舟状骨附合 bilateral non-osseous calcaneo-navicular coalition

屠宰石 Slaughter Stone

韦塞克斯考古学会 Wessex Archaeology

乌鲁鲁 Uluru

小卡萨斯 Lesser Cursus

仪式性景观 Ritual Landscape

英格兰历史遗产保护局 Historic England

英格兰遗产委员会 English Heritage

英国国民信托 National Trust

在册古迹 Scheduled Ancient Monument

钟形烧杯 Bell Beakers

里程碑文库

The Landmark Library

“里程碑文库”是由英国知名独立出版社宙斯之首（Head of Zeus）于2014年发起的大型出版项目，邀请全球人文社科领域的顶尖学者创作，撷取人类文明长河中的一项项不朽成就，以“大家小书”的形式，深挖其背后的社会、人文、历史背景，并串联起影响、造就其里程碑地位的人物与事件。

2018年，中国新生代出版品牌“未读”（UnRead）成为该项目的“东方合伙人”。除独家全系引进外，“未读”还与亚洲知名出版机构、中国国内原创作者合作，策划出版了一系列东方文明主题的图书加入文库，并同时向海外推广，使“里程碑文库”更具全球视野，成为一个真正意义上的开放互动性出版项目。

在打造这套文库的过程中，我们刻意打破了时空的限制，把古今中外不同领域、不同方向、不同主题的图书放到了一起。在兼顾知识性与趣味性的同时，也为喜欢此类图书的读者提供了一份“按图索骥”的指南。

作为读者，你可以把每一本书看作一个人类文明之旅的坐标点，每一个目的地，都有一位博学多才的讲述者在等你一起畅谈。

如果你愿意，也可以将它们视为被打乱的拼图。随着每一辑新书的推出，你将获得越来越多的拼图块，最终根据自身的阅读喜好，拼合出一幅完全属于自己的知识版图。

我们也很希望获得来自你的兴趣主题的建议，说不定它们正在或将在我们的出版计划之中。

里程碑文库编委会